100일의
미 라 클
감사일기

100일의
미라클 감사일기

초판 1쇄 인쇄 _ 2022년 3월 10일
초판 1쇄 발행 _ 2022년 3월 15일

지은이 _ 박은혜

펴낸곳 _ 바이북스
펴낸이 _ 윤옥초
책임 편집 _ 김태윤
책임 디자인 _ 이민영

ISBN _ 979-11-5877-288-8 03230

등록 _ 2005. 7. 12 | 제 313-2005-000148호

서울시 영등포구 선유로49길 23 아이에스비즈타워2차 1005호
편집 02)333-0812 | **마케팅** 02)333-9918 | **팩스** 02)333-9960
이메일 bybooks85@gmail.com
블로그 https://blog.naver.com/bybooks85

책값은 뒤표지에 있습니다.
책으로 아름다운 세상을 만듭니다. — 바이북스

미래를 함께 꿈꿀 작가님의 참신한 아이디어나 원고를 기다립니다.
이메일로 접수한 원고는 검토 후 연락드리겠습니다.

* 바이북스 플러스는 기독교 신앙의 본질을 담아내려는 글을 선별하여 출판하는 브랜드입니다.

불안한 크리스천
은혜로 일어서다

100일의
미라클
감사일기

◆ 박은혜 지음 ◆

ByBooks

들어가는 말

나는 1981년 11월 29일 추수 감사 주일에 태어났다. 당시 딸이라고 서운해 하셨던 할아버지는 이름을 지어주시지 않아 엄마가 나섰다. 이름은 은혜 恩, 은혜 惠 '은혜 위의 은혜'라는 뜻이다.

내 키는 170cm, 기골이 장대한 지금 모습으로는 전혀 상상이 안되지만 나는 태어나길 작게 태어났고 몸이 약했다. 2kg 초반대의 미숙아. 병원에서는 인큐베이터에 넣기를 권했다. 엄마는 망설이며 조금만 기다려 달라고 요청했고 다행히 며칠 뒤 나는 엄마 젖을 잘 빨아 인큐베이터행을 모면했다. 딸이라고 이름도 안 지어주셨던 할아버지께서 내가 어릴 때 몸에 좋다는 한약을 지어주셨다고 하니 진짜 몸이 약하긴 약했나 보다.

태어나고 자란 곳은 서울시 강남구 도곡동, 엘리트 할아버지와 유복한 할머니, 사업 수완 좋은 아빠와 예술을 사랑한 엄마. 나는 부족한 것 없이 살았다. 그런데 하나님이 언제부턴가 내 인생을 다이나믹하게 만지시면서 정신을 차리기 힘들었다. 빼고 또 빼고, 이제 끝났나 싶으면 또 다른 게 뻥뻥 터지는, 쉽지 않은 마이너스의 삶이 이어졌다. 이해할 수 없어 도망치고 싶었고 포기하고 싶었다. 하지만 상황과 사람을 통해 주님이 함께하심을 매번 명확히 보여주셔서 나쁜 맘을 먹을 수가 없었다.

그냥 눈 딱 감으면 하늘나라였으면 좋겠는데 내 맘대로 할 수 없으니 하루하루 견뎌내야 했다. 견디다 보니 더하고 또 더하고, 마이너스 인생이 어느 순간 플러스 인생으로 변하고 있었다. (고생도 플러스라는 것이 함정이지만!)

굽이굽이 하나님이 함께하신 흔적이 쌓여 마흔 살 생일을 기점으로 폭발했다! 4주 만에 성경통독을 하게 하시고 매일 감사일기를 쓰며 곱하기 인생을 살게 하셨다. 심지어 이 책을 통해 나누기 인생으로 변화시키셨는데 이 신비로운 체험을 뭐라고 설명할 수 있을까? 한마디로 '은혜'다. 말 그대로 내 인생은 은혜로밖에 설명이 안된다. 사람이 이름 따라 산다고 했던가. 흔한 이름이지만 나는 내 이름을 정말로 사랑한다. 나에게는 정말 특별한 이름이다. 40년간 거저 주신 그 은혜를 꼼꼼히 세어 정리해보니 책 한 권이 되었다.

새벽 3시까지 원고를 썼던 어느 날, 우리 식구들과 둘러앉아 간단히 아침을 먹었다.

남편이 나에게 물었다.

"꼭 그렇게까지 해야 해?"

"혹시 내가 소리 내서 잘 못 잤어?"

"그게 아니라 낮에 자기가 너무 피곤하지 않겠나 싶어서."

"눈만 좀 뻑뻑하고 괜찮아."

하고 싶은 일을 해서 그런지 나는 신기하게도 컨디션이 전혀 나쁘지 않았다.

우리의 대화를 듣던 8살 첫째 딸이 물었다.

"엄마, 밤샌 거예요?"

"아니, 밤새워 쓰고 싶어도 못했지. 둘째가 부르고 셋째가 두 번이나 엄마 데리러 와서 결국 새벽 3시에 동생들 재우며 잤어. 쌍둥인데도 둘이 정말 달라~ 둘째는 꼭 방에서 나오지 않고 양처럼 엄마아~ 엄마아~ 애절하게 부르고, 셋째는 말 한마디 없이 뚜벅뚜벅 걸어와 엄마 앞에 서 있어. 엄마가 '가서 자자' 하면 앞장서서 다시 방으로 걸어간다. 진짜 웃기지? 아까 새벽에는 엄마가 옆에 있는데도 없는 줄 알고 또 걸어 나가려 해서 엄마 여기 있어 하니까 다시 돌아와 자기 자리에 눕더라. 푸하하하"

"아이 귀여워, 근데 엄마 뭐한 거예요?"

"책 썼지."

"왜요?"

"그냥 쓰고 싶으니까. 엄마가 하고 싶어서 썼어."

"우와 엄마 진짜 좋겠다요."

"왜?"

"엄마 꿈을 이룬 거잖아요!!!"

대학 입학 후부터 마음속 버킷리스트에 항상 담아뒀던 소원이었다. '마흔 전에는 꼭 책을 써야지.' 밑도 끝도 없이 꿈만 꾸었다. 맞다! 하나님께서 진짜 우리 첫째의 말처럼 책을 쓰고 싶다는 꿈을 이루게 하셨다.

사실 이 책은 예수님께 선물로 드리고 싶어 쓰기 시작했다. 주님을 기쁘게 해드리고 싶어서 내 삶에 하신 일을 기록하여 정리한 것이다. 정말 딱 만 나이 마흔에 책을 쓰게 하셨구나(소오름!!). 이 역시 섬세한 은혜임을 인정한다. 무기력 끝판왕이었던 내가 책을 쓰다니! 정말 기적이 일어났다.

단순히 '책을 쓰고 싶다, 예수님께 선물로 드리고 싶다.'에서 시작했지만, 책을 쓰는 작업은 결국 '나를 살린 시간'이었다. 내 인생의 가장 힘들었던 순간, 과거의 상처들을 되짚어 그 속에 숨어 있던 은혜를 다시 발견하는 보물찾기였다. 하나님은 이를 통해 나를 회복시켜 주시고, 쉽지 않은 일상을 살아낼 힘을 주셨다. 얼마나 감사한지! 그런데 보물을 쉽게 찾을 수 있나? 험난한 모험이었지만 든든한 안내자 되신 예수님 덕분에 나는 과거뿐만 아니라 현재 내가 살아가는 이 시간 속에서도 매일 보물을 찾게 되었다.

내 삶을 한마디로 이야기하자면 '은혜로 시작해 은혜로 끝난다.' 해도 과언이 아니다. 정말 내가 하는 게 아니라 하나님이 하신다는 것을 매번 매 순간 확인시켜 주신다. 나는 그저 그 은혜에 감사하며 기록했을 뿐이다. 내가 했다고 자랑하고 싶어도 써놓은 증거가 명확해 하나님의 은혜임을 도저히 부정할 수가 없다. 하루하루가 설레는 보물찾기의 삶이라니! 그 모든 은혜를 깨닫게 하신 하나님께 찐팬이라고 고백할 수 있어 참 좋다. 이 말로 다 표현할 수 없는 든든함, 행복과 설렘을 진심으로 당신과 함께 누리고 싶다.

| 차례 |

◆ Part 1 ◆

내 인생은
온통
마이너스

내 인생은
온통
마이너스

제발
살려주세요

초등학교 5학년 그날의 기억은 아직도 생생하다. 초등학교 2학년이던 여동생은 놀이터에서 친구들과 놀고 있었고 유치원에 다니던 남동생은 거실에서 엄마와 수박을 먹고 있었다. 나는 내 방 책상에서 학습지 선생님과 수학 공부를 하고 있을 때였다. 전화벨이 울렸다. 거실에서 전화를 받는 엄마 목소리는 내가 처음 들어보는 절망적인 목소리였다.

"은혜야, 아빠가 위독하시대……."

그 소식을 듣자마자 나는 그 자리에서 바로 무릎 꿇고 엎드려 기도했다.

"하나님, 제발 살려주세요. 으흐흐흑."

그 외 다른 어떤 말도 할 수 없었다. 기도하면서도 아빠가 일어나시기 힘들지 않을까? 그럼 이제 어떻게 해야 하지? 생각했다. 더 이상의 기도는 소용이 없었다. 아빠는 그렇게 아무런 예고 없이 작별인사 한 번 제대로 못한 채 우리와 헤어졌다.

아빠의 장례식장, 나는 울지 않았다. 아빠는 평상시 애정표현이 서툰 사람이었고 늘 바쁘셨다. 그래도 어릴 때 사진을 보면 여기저기 많이 데리고 다니셨던 것 같은데 기억이 전혀 안 난다. 내가 독한 아이여서 울지 않았을까? 그때 내 머릿속에는 두 가지 생각이 지배적이었다.

첫째, 내가 울면 엄마가 더 힘들다. 지금 생각해도 정말 옳은 판단이었고 기특하다고 칭찬해주고 싶다. 그때의 나를 만난다면 안쓰러워 꼭 안아주고 싶기도 하다. 나는 첫째였고 엄마랑 밤새 초등학교 사회 교과서 서문의 조사 사용을 가지고 토론을 할 정도로 시시콜콜 모든 이야기를 나누는 엄마의 꼬마 친구였다. 엄마가 많이 참고 기다려줬기에 가능한 관계였겠지만, 아무튼 우리는 친구 그 이상의 관계였다. 내가 씩씩하게 견디는 것이 엄마에게 조금이라도 힘을 보태는 일이었고 그때 내가 할 수 있는 전부였다.

둘째, 우리는 이제 뭐 먹고 살지? 머리가 터질 것 같았다. 생계에 관해 초등학교 5학년인 내가 할 수 있는 것이 없었으니까. 이 현실적인 고민은 이후 진로 선택에 있어 합리적 판단의 근간이 되었다. 엄마는 내가 중학교 때부터 꼭 대학에 가지 않아도 된다고, 하고 싶은 일이 없다면 기술을 배워 공장에 취직해도 좋다고 하셨다. 그냥 하시는 말씀이 아니라 진심이셨다. 치맛바람 심하고 학군부심 강한 강남에서 아이 셋 키우면서도 단 한 번 흔들림 없이 자신만의 교육철학을 고수했던 엄마, 그리고 일찍 돌아가신 아빠. 나는 이제 어떻게 해야할까?

아빠가 돌아가시기 전엔 부족한 것이 없었다. 나는 내가 잘난 줄 알았고, 이기적이었다. 태어나 처음으로 결핍을 아주 잔인한 방법으로 느꼈다. 자랑스러운 첫째 딸 역할을 시작한 이때부터 강박감이 시작되었다. 타인에게 흠 잡힐 만한 모습을 보이지 않도록 남의 시선을 의식하고 자신을 질책하는 완벽주의적 성향이 내 안에 자리 잡았다. 아무도 아빠의 부재를 모르게끔 늘 씩씩한 척, 괜찮은 척했다. 학교와 집 그리고 교회, 단순한 동선에서 나는 항상 예의 바르게 행동하고 해야 할 일을 열심히 했다. 아빠 없는 아이라 저렇다는 말은 죽어도 듣기 싫었고, 엄마에게는 나에 대한 칭찬만 듣게 해드리고 싶어 나름 분투했다.

학교에서 가정환경조사서를 쓸 때 나는 항상 날이 서 있었다. 친구들 눈에 띄지 않게 서류를 낸다고 얼마나 조마조마했던지, 머리를 굴려 가며 제출했던 그 노력이 참 눈물겹다.

고등학교 1학년 때 같은 반 친구가 내 눈썹을 정리해줬다. 나는 나름 만족했는데 집에 가자 엄마가 세탁소 하얀 옷걸이로 내 등을 사정없이 내리치시는 게 아닌가?!

"엄마 제가 잘못했어요. 엉엉"

영문도 모른 채 나는 서럽게 울며 싹싹 빌었고, 한바탕 소동은 겨우 마무리되었다.

나는 굉장히 억울했다. 이성적이고 자율성을 중요시하는 우리 엄마가 이럴 리가 없다.

그때는 차마 엄마한테 따지지는 못했지만 사실 이해할 수 없었다.

당시 고등학생 중에도 화장하는 친구들이 있었다. 나는 속으로 구시렁거렸다.

'내가 화장을 한 것도 아니고 눈썹만 살짝 다듬었을 뿐인데 내가 뭘 그렇게 잘못했지?'

이제 내가 어른이 되니 엄마의 그때 심정을 조금은 알 것도 같다.

내가 엄마가 되어 아이를 키워보니 우리 엄마가 얼마나 서럽고 힘들었을지 감히 짐작도 못 하겠다. 엄마가 시댁 눈치 보며 아이 셋 혼자 키울 때 그 마음을 누가 상상이나 할 수 있을까?

아이들에게 표현할 수 없었던 복잡한 감정과 실제적 어려움이 정말 많았을 것이다.

왜 엄마가 그렇게 반응하셨는지 정확히는 알 수 없지만, 그날의 기억으로 어렴풋이 엄마의 아픈 마음이 느껴져 생각할수록 참 짠하다.

어린 시절 처음으로 했던 가장 절실한 나의 기도는 응답되지 않았다. 나는 마음 문을 꽁꽁 닫고 괜찮은 척 안간힘 쓰며 낑낑거렸다. 지금 되돌아보면 혼자서 전전긍긍했던 어린 내가 이렇게 안쓰러운데 예수님은 얼마나 마음이 아프셨을까?

이 와중에
사발면이 넘어가다니

어릴 적 우리 집은 건강식 맛집이었다. 엄마는 어묵도 생선 살 발라 직접 만들고 자장면도 집에서 손수 만들어주셨다. 도시락 싸 가면 엄마 반찬은 친구들한테 항상 인기 만점이었다. 나는 집에서는 못 먹으니까 다른 친구가 싸 온 소시지와 햄 부침 먹기 바빴다.

갑자기 아빠가 돌아가시고 엄마가 공황상태에 빠졌다. (차분히 요리하고 있는 게 비정상이지) 한동안 엄마는 넋이 나가 있었고 예전처럼 요리해서 아이들을 챙겨 먹이기 힘든 상태였다.

아빠 장례식장에서 사발면이 상자째 남아 집에 가져왔다.

웃프게도(웃기면서 슬프게도) 나한테는 그 사발면이 평소에 자주 먹을 수 없던 귀한 별식이었다. 그 심각한 상황에서도 맛있었다. 이 와중에 사발면이 넘어가다니!

나도 참 멘탈이 강한 아이라고 해야 할까?

매일 사발면을 먹다 보니 살이 확 쪘다. 안 그래도 할아버지가 초등학교 저학년 때 지어주신 한약으로 이미 살이 통통하게 올라있던 터라 옷이 터질 것 같았다. 나는 (좋게 말해 자존감이 높아서였는지, 그냥 둔해서였는지) 내가 뚱뚱하단 자각이 없었다. 중학교에 입학해보니 우리 반에 나만큼 살집 있는 친구들이 거의 없었다. 충격이었다. 그리고 하필 그 시기에 쫄티가 유행할 게 뭔가. 당연히 나는 입을 수가 없었다.

중학교 2학년, 만화잡지에서 다이어트 체조를 발견했다.

고작 2page 분량의 단순한 내용이었지만 그 순간 내 눈은 반짝이기 시작했다. 단순한 나는 실려 있던 내용을 있는 그대로 매일매일 실천했다. 화장실에 앉아서 볼일을 볼 때도 가만있지 않고 몸 구석구석 마사지하며 10개 손가락 마디마디까지 주물렀다. 손가락 살도 빠진다고 진심으로 믿으며 꼼꼼하게 반복했다.

당시에는 아이들이 매점에서 과자를 여러 가지 사다가 쉬는 시간에 다 펼쳐놓고 같이 나눠 먹었다. 친구들과 과자 타임에 쏙 빠지기는 싫고 그렇다고 있는 대로 양껏 집어먹자니 감당이 안 돼서 꾀를 내었다. 바로 과자 한두 개를 야금야금 갉아 먹으며 분위기를 맞추면서 수다로 버티는 것이다! 지금 생각해도 참 귀여운 전략이다.

단짝 친구와 매일 점심시간 운동장을 뱅뱅 돌면서 걷고 또 걸었다. 무슨 할 말이 그렇게 많았는지 우리는 끊이지 않고 수다로 속을 터놓았다. 친구도 다이어트 목적으로 나와 함께 열심히 걸었는데 정말 우리 둘 다 살이 많이 빠졌다. 할렐루야!

함께 걸을 때마다 도란도란 이야기 나누며 깊은 우정을 쌓았던 다이어트 메이트는 지금도 내 곁을 지켜 주는 귀한 친구가 되었다. 어린 마음에 아빠의 부재를 알리기 싫어 참 많이도 괜찮은 척했다. 그런데 친구와 운동장을 걸으며 아빠 돌아가시고 처음으로 솔직하게 내 마음을 표현했다. 힘든 일이 있을 때는 하교 후 교회 기도실에서 그 친구와 서로를 위해 기도했다. 아빠가 돌아가신 것이 내 잘못도 아닌데 그동안 왜 그렇게 혼자서 전전긍긍하며 살았을까?

속을 터놓고 보니 마음이 편해졌다. 억지로 숨기지 않아도 되고 내 잘못이 아니란 생각이 명확해지자 내 마음에는 불안감 대신 자신감이 채워지기 시작했다.

살이 빠지면서 키도 많이 큰 중학교 3학년 때 새로운 별명이 생겼다.

이웃 어른들이 나를 '몇 동 미스코리아'라고 부르기 시작했다. 처음에는 내 귀를 의심했다.

그런데 자꾸 들다 보니까 어깨가 으쓱한다.

'내가 진짜 그런가?' 싶다가 어느 순간 '내가 다리도 길고 좀 괜찮지'로 바뀌었다.

외모 자신감이 수직상승 했다. 당시 동네 청바지 전문점에 비치된 청바지란 청바지는 다 입어본 것 같다. 이것도 잘 어울리고 저것도 잘 어울리니 선택 장애가 왔다.

이런 날이 올 줄이야!

이 바지 저 바지 입혀보며 흐뭇하게 웃으시던 엄마가 호탕하게 말씀하셨다.

"은혜야, 너는 나팔바지 스타일이 딱이다! 다리도 더 길어 보이고 진짜 모델 같네! 이거 색깔별로 살까?"

"정말? 나 이거 다 사도 돼? 앗싸~!!"

내가 봐도 거울 속에 맵시 있는 내 모습이 매우 만족스러웠다.

그뿐인가, 그동안 입고 싶어도 입지 못했던 그 '쫄티'를 드디어 입었다!

정말 감격해서 눈물이 날 뻔했다. 그 작은 티 쪼가리 한 장 입은 것이 뭐 대단한 일이라고 (당시 나에겐 사실 혁명과도 같은 대단한 일이었다) 어찌나 짜릿하던지^^ 아직도 기억이 생생한 그 순간은 지금도 기분 좋은 추억으로 남아있다.

중2병이라는 어마어마한 단어가 존재할 정도로 무서운 사춘기 시절, 하나님은 나를 홀로 버려두지 않으시고 좋은 친구를 붙여주셨다. 친구와 함께한 시간을 통해 외모만 확 바꿔 주신 것이 아니다. 굳게 닫혀있던 내 마음의 문을 자연스럽게 여시고 내면을 치료해 주셨다. 투명하고 솔직한 대화는 내 마음의 짐을 내리고 자존감을 높일 수 있는 강력한 도구였다.

저에겐
장애가 있습니다

초등학교 4학년, 이상하게도 나는 항상 피아노를 치고 나면 피아노 건반에 회색 물 자국이 남았다. 매번 꼭 그걸 닦아내고 피아노 학원을 나왔다. 나는 학교 시험지가 젖고 지우개로 지우다 찢어지고 종이가 밀리는 일이 많았다. 이쯤 되면 뭔가 문제가 있다고 생각해야 정상 아닌가? 둔하디둔한 나는 모든 아이가 다 나 같다고 생각했다. 참 멍청하고 답답한 아이였다.

나는 피부과 전문의가 인정할 정도로 심한 다한증 환자다.

정말 겪어보지 않은 사람은 모를 거다. 아무도 모르게 혼자 개고생하는 다한증이 (생활의 불편함, 심리적 어려움의 정도는 지극히 주관적인 부분이므로) 나에게는 눈에 확 띄지 않는 장애 같았다. 한때는 죽고 싶다고 생각할 만큼 여자로서 느끼는 심리적 어려움이 매우 컸다.

그나마 불행 중 다행은 그 땀이 무색무취라는 것 정도다.

가만히 있어도 손발 겨드랑이에서 물이 뚝뚝 떨어진다고 한번 상상해보시라.

여름엔 안 그래도 더운데 땀이 솟아 흐르니 최악이고, 추운 겨울에는 손발이 축축하니 동상 걸린 사람처럼 장갑을 끼고 털신을 신어도 한없이 춥다. 그냥 춥고 덥기만 하면 모르겠는데 손으로 하는 모든 것이 불편하다.

한때는 미술을 전공해볼까 생각할 정도로 그림 그리는 것을 좋아했고 전문적으로 배우고 싶었다. 하지만 땀이 흘러 손이 미끄러지고 그림이 망가지니 꿈도 못 꿀 일이었다. 플루트로 성가대 오케스트라 활동할 때는 항상 여벌 수건을 가지고 다니며 연주 전후로 틈틈이 손과 악기를 닦았지만, 연주 중에 손목으로 땀이 흘러 바닥에 뚝뚝 떨어지기도 했다.

시험지는 젖어서 찢어지거나 때처럼 밀리기 일쑤니 늘 수건이나 종이를 접어대고 시험을 봐야 했다. 수성펜은 절대 쓸 수 없었다. 땀이 닿아 번지기 때문에 나는 늘 유성 볼펜만 쓸 수밖에 없었다. 지금도 서류 사인할 때 누가 수성펜을 내밀면 굉장히 당황스럽다.

교회에서는 손잡고 기도하는 시간이 제일 싫었다. 사회생활 시작한 뒤로는 악수하는 상황이 매번 가슴 졸이고 끔찍했다.

대중교통은 또 어떤가? 내가 잡았던 버스나 지하철 손잡이를 다른 사람이 잡을 때 그 사람이 짓는 찝찝한 표정은 나를 늘 비참하게 했다. 그래서 버스는 가능하면 앉을 자리가 있을 때만 탔다. 지하철은 자리에 앉지 못하면 손잡이를 잡지 않아도 기대서 버틸 수 있는 곳을 선호한다. 사람이 많아 부득이 손잡이를 잡아야 할 때는 티 나지 않게 닦아내려고 노력했다. 수건을 덧대어 잡기도 했는데 나를 결벽증 환자처럼 보는 시선이 느껴졌다.

하도 땀이 뚝뚝 흘러 너무 신경 쓰일 때는 중간에 무작정 내려 택시를 타기도 했다. 운전면허를 사회생활 시작하고 뒤늦게 겨우 땄다. 핸들만 잡으면 땀이 흐르는 통에 면허를 어렵게 취득하고도 운전을 포기했다.

나는 싸이의 겨땀 퍼포먼스를 웃고 넘기기 힘들다. 내가 겪는 불편함이라 마음이 불편했다. 겨드랑이 땀이 많이 나니 옷 고를 때도 가능한 땀이 티가 안 나는 소재와 색깔로 제한된다. 혹시라도 내가 팔을 들었을 때 겨드랑이 땀이 티 날까 봐 늘 신경 쓰이고 전전긍긍했다. 털이 날리는 컬러 니트 상의는 축축한 손에 털이 묻어나 보기 흉해 입을 수가 없다.

발에서 땀이 많이 나니 맨발로 신발을 신는 건 정말 쥐약이다. 슬리퍼는 미끄러지기 일쑤였다. 그래도 멋을 포기 못 해 샌들을 종종 신었다. 샌들을 신은 날은 중간 중간 화장실에 가서 땀과 먼지가 범벅이 된 발바닥과 신발을 휴지로 매번 닦아야 했다. 맨발로 신어야 멋스러운 신발들이 나에겐 그림의 떡이다. 멋을 몰라서 양말을 신고 있는 것이 아니다!

연애할 때는 손을 언제 잡는가에 날이 서 있었다. 상대방이 진심으로 편해지기 전까지는 사실 모든 스킨십이 너무도 두렵고 부담스러웠다.

나는 세 아이 모두 초유만 먹이고 단유(斷乳)했다. 첫째 신생아 시절 수유할 때 손이 자꾸 미끄러져 아기를 놓칠까 겁나 면장갑을 끼고 했다. 병원에서 처음 모유 수유하는 것 자체도 어려운데 면장갑을 끼고 있으니 주위 산모들이 나를 이상하게 볼까 싶어 스트레스가 극에 달했다. 안 그래도 온몸에서 땀이 비 오듯 하는 출산 직후에 나는 손과 발에서 줄줄 흐르는 땀으로 정신을 차리기 힘들었다. 결국, 모유량도 문제였지만 다한증 때문에 단유를 결심했다. 아이들이 걷기 시작한 뒤로 같이 손잡고 거리를 걸을 때나 뛰쳐나가는 아이를 잡을 때 손이 미끄러져 분통이 터진 적도 많았다.

이렇게 나의 교회생활, 수험생활, 연애생활, 사회생활, 육아는 다한증으로 인한 지뢰밭 투성이었다. 이런 버거운 병을 나는 초등학교 고학년이 되어서야 겨우 인지했다.

그걸 또 중학교 때는 순수하게 진심으로 고쳐달라고 잘 기도하다가 이런 허세를 부렸다.

"하나님, 제 다한증이 바울의 가시와 같은 것이라면 고쳐주지 않으셔도 괜찮습니다."

맙소사 이놈의 입방정, 진짜 지금 생각해도 어이가 없고 화딱지가 난다.

그 이후에 어떤 개고생을 할 줄 알고 그렇게 담대하게 기도를 했는지 모르겠다.

나는 주로 언제 땀이 날까?

대부분 긴장하거나 손으로 무언가를 해야 할 때 나지만 예상하기 힘든 경우도 많다.

일상생활이 많이 불편하니까 수술에 대해서도 심각하게 생각해보았고 병원에 전화상담도 했었다. 부작용으로 보상성 땀이 다른 부위에서 나는 경우가 많아서 쉽게 결정할 수가 없었다.

그런데 참 신기하다. 그렇게 불편하고 힘든 것이 많았지만 수험생활도 잘 마쳤고, 연애도 결혼도 잘했다. 사회생활도 오래 했고 심지어 비즈니스 매너를 강의하게 하셨다. 진짜 극도의 스트레스로 심각하게 어두운 생각을 할 수도 있었는데 하나님이 마음과 생각을 지켜 주시고 잘 살게 하셨다.

아이들 키우면서 나를 위한 투자를 거의 하지 않는데, 유일하게 내가 스트레스 푸는 취미가 있다. 한 달에 한 번 네일숍에 가는 것이다. 땀이 많은 손이라 네일아트를 받는 것이 처음에는 쉽지 않았는데 희한하게 요즘에는 네일아트를 받을 때마다 땀이 안 난다.

노트북이나 컴퓨터를 쓸 때 가끔은 내 손의 땀 때문에 망가지는 게 아닐까 걱정될 때도 있다. 그런데 이 글을 쓰고 있는 지금은 또 땀이 안 난다. 심지어 진한 커피를 한잔 마셨는데 뭐지? 커피가 땀을 유발할 때도 많은데 꼭 그렇지만도 않다. 복불복이랄까? 그나마 커피를 사랑하는 나로서는 억지로 커피를 끊지 않아도 되니 참 위로가 되는 현상이다.

다한증으로 인한 불편함은 여전히 현재진행형이다. 삶의 곳곳에서 불쑥불쑥 튀어나오지만, 또 어떻게든 살게 하신다. 그래도 예전만큼 심리적 타격이 크지는 않고 그러려니 하고 지나간다. 그렇게 견디다 보면 네일아트를 받을 때처럼 혹은 책을 쓰는 지금처럼 '손이 보송보송한 선물 같은 시간'을 주신다.

일반인들에게는 너무나 당연한 일상이어서 인식조차 못 하는 '땀이 안 나는 손'이 나에게는 너무도 귀하고 절실한 감사의 이유다.

나는 진정
또라이였다!

엄마는 생활력이 강하고 멋있는 분이다. 엄마 어린 시절, 집안 형편이 넉넉하지 않아 상업고등학교에 진학하고 졸업하자마자 회사 생활하여 생활비를 보태셨다. 뒤늦게 스스로 번 돈으로 성악을 배워 성악전공으로 대학에 입학하셨다. 결혼 후에는 나를 키우면서 피아노 레슨을 하셨고 교회 성가대에서 소프라노 솔리스트로 활동하셨다. 이렇게 가슴 뜨거운 엄마가 아빠 돌아가신 후 매달 시댁에서 생활비를 받아 아이 셋을 혼자 키웠다. 한창 엄마 손이 필요한 어린아이를 셋이나 키워야 하니 일을 하고 싶어도 할 수 없는 상황이었다. 엄마는 얼마나 몸이 고되고 마음이 어려웠을까?

예술적인 재능과 열정이 많은 엄마는 어릴 때부터 다양한 전시와 공연에 나를 데리고 다니셨었다. 예배도, 기도회도, 부흥회도 엄마와 함께 다니며 다양한 주제로 깊은 대화를 나눴다. 엄마는 나에게 신앙의 롤모델이자 문화적 자극을 주는 베스트프렌드였다. 나도 예술에 대해 동경이 커졌고 멋진 엄마를 진심으로 존경하고 따랐다. 커피를 사랑했던 엄마는 한국에 스타벅스가 처음 들어왔을 때 나를 데리고 가서 카페모카를 사주셨다. 지금도 그 추억 덕에 나는 커피를 좋아하고 스타벅스에도 자주 간다. 운전도 잘하셔서 내 친구가 힘든 일이 있을 때 나랑 친구를 태우고 기분전환 하라며 남한산성 드라이브하고 맛있는 것도 사주신 쿨하고 멋진 분이다. 그런 우리 엄마가 젊은 나이에 배우자를 잃고 아이 셋을 키우느라 가슴 속 뜨거운 불을 태울 수 없었다. 나는 무조건 엄마를 기쁘게 해드리고 싶었다.

특별한 날이 아닌 어느 날, 용돈을 모아 엄마가 좋아하는 백합 한 송이를 사서 손편지와 함께 드렸다. 그날 나는 엄마의 진심으로 행복한 표정을 보았다. 그 이후로 어버이날이나 생신이 아니어도 가끔 엄마에게 서프라이즈로 꽃 한 송이와 편지를 드리곤 했다. 그것이 고등학생인 내가 할 수 있는 최고의 사랑표현이었다.

엄마는 단 한 번도 나에게 공부하란 소리를 하지 않으셨다.

유치원 때 나는 다른 아이들보다 인지발달이 좀 늦었다. 당시 원장선생님은 조심스럽게 엄마에게 말씀하셨고 엄마의 대답은 너무나 간단했다.

"은혜가 잘 놀게만 해주세요."

초등학교 입학 전 엄마는 나에게 한글을 일부러 가르치지 않으셨다. 학교에서 받아쓰기하면 10점, 20점 받았던 것 같은데 나는 내가 잘한다고 생각했다. 초등학교 1학년인 나의 판단기준은 엄마의 칭찬이었기 때문이다. 항상 엄마는 어떤 점수를 받아와도 잘했다고 칭찬해주셨고 나는 내가 정말 잘하는 줄 알았다. 그때부터 내 안에 근자감(근거 없는 자신감)이 깊이 자리 잡았다. 엄마는 항상 말씀하셨다.

"무엇이든지 네가 맘먹고 열심히 하면 잘할 수 있단다."

그런 말이 내 안에 켜켜이 쌓이다 보니 어느새 나는 그렇게 믿게 되었다.

대학은 꼭 가지 않아도 된다고 늘 말씀하셨다. 심지어 중간고사나 기말고사 시험 전날에도 공연 티켓이 생기면 관람시켜주셨다. 족집게 과외를 받을 수 있는 형편도 아니었고 그나마 학원도 내가 정보를 스스로 알아보고 꼭 필요하다고 졸라야만 겨우 보내 주셨다.

엘리트 자부심이 강한 시댁 분위기상 엄마가 느낀 부담감이 참 컸을 텐데 어떻게 그렇게 단단하게 건강한 버팀목이 되어주셨을까?

주님이 함께하셨기에 담대하셨지 싶다. 지금 생각해도 참 존경스러운 교육철학이다. 고3이 되었고 첫 모의고사 결과 서울 안 여대 가기 힘든 성적이었다. 나는 반에서 중상위권 정도의 성적이었고 그간 전교에서 성적으로 상위권에서 놀아본 역사가 없었다. 고등학교 2학년 때까지는 그저 친구들과 즐겁게 잘 놀았고 학교 수업만 졸지 않고 듣는 정도였다. 공부에 대해 크게 위기감을 느끼지 못했는데 그때 불

현듯 떠올랐다.

'아, 할아버지한테 우리 엄마 면을 세워 주려면 내가 대학을 잘 가야 하는데⋯⋯⋯⋯.'

허리까지 오던 긴 생머리를 짧게 잘랐다. 뒤통수를 바리깡으로 밀 정도로 파격적인 쇼트커트를 하고 친구들에게 선포했다.

"나 이제 말하는 에너지도 아껴서 공부할 거니까, 밥은 혼자 먹을게. 해야 할 말은 쪽지로 써서 전할게."

그렇게 쉬는 시간에도 공부만 하며 혼밥에 묵언 수행을 하는 나의 또라이짓 때문에 단짝 친구는 속상해 울었다. 반 친구들은 나에 대해 언제부터 공부했냐고 유난 떤다고 비난하는 무리와 고3 때는 누구나 열심히 하고 싶을 때니까 대단하다며 부러워하는 무리로 파가 나뉘었다.

야간자율학습 시간 시작 전에 매일 보란 듯이 성경 잠언을 읽었다. 그간 공부를 많이 한 편이 아니어서 정말 지혜가 절실히 필요한 시기였다. 단순한 믿음을 예쁘게 보셨던 걸까?

정말 지혜를 주시고 체력도 주셨다. 성적이 찔끔찔끔 올랐다. 생각보다 시간이 오래 걸렸다. 아직 목표한 성적이 되려면 멀었고 매번 모의고사를 볼 때마다 마음고생이 심했다.

그래도 또라이짓은 포기하지 않고 계속되었고 결국, 수능에서 대박이 터졌다.

　꼬장꼬장한 우리 할아버지가 일어나 만세를 세 번이나 부르셨단다. 그 당시 대학 합격자 명단을 학교 운동장에 게시했는데 할아버지는 건강상태가 좋지 않으셨음에도 직관을 하시겠다며 입학식에 참석하셨다. 아마 우리 과 입학생 중 조부모님이 오신 경우는 나밖에 없었지 싶다. 살짝 부끄러웠지만, 엄마가 당당히 어깨 펴고 할아버지께 '그간 고생 많았고 잘 살았다'라고 인정받은 그 순간이 더없이 뿌듯했다.

　내 인생 40년 중에 가장 열심히 집중해서 살았던 기간, 지금은 돈 주고 하라고 해도 이런 극단적인 또라이짓은 다시 못할 것 같다. 그때의 나는 하나님이 용기를 주셔서 결단할 수 있었고, 지혜를 부어주셔서 성취의 기쁨을 가족들과 누릴 수 있었다. 단순하게 말씀을 믿고 하루하루 내가 할 수 있는 최선을 다해 담대히 견딜 때, 주님은 상상했던 것 이상으로 응답하시고 놀라운 은혜를 주신다.

자는 동안
다 데려가세요

친할머니가 심장마비로 쓰러지셨다. 어렵기만 한 할아버지와 우리 엄마 사이에서 별말씀 없이 중간 역할을 해주셨던 할머니는 나를 참 예뻐하셨다. 할아버지가 남동생만 편애해서 부글부글하다가도 언제나 조용히 내 편이 되어주신 할머니 덕분에 즐거운 마음으로 할아버지댁에 갈 수 있었다. 그런 할머니가 갑자기 돌아가셔서 엄마도 나도 적잖이 충격을 받았다.

지친 마음으로 장례를 치른 뒤 밤인 날 집으로 돌아왔다. 엄마가 샤워 도중에 머리가 너무 아프다고 하셔서 내가 들어가 마무리를 도와드렸다. 밖으로 나와 엄마는 손발 마비증세가 느껴지신다며 바늘로 따달라고 하셨다. 당시 엄마 지인인 약사님께 연락해 집으로 오시는 동안 엄마와 나는 계속 기도했다. 엄마가 방언으로 기도하시면서 약사님께 그동안 말씀을 전하라고 하나님께서 마음에 주셨는데 그러지 못했다며 복음을 전하시기도 했다. 엄마 상태가 좀 나아져서 약사님은 가셨고, 엄마는 계속 기도하시면서 당신이 잘못 사셨다며 회개하셨다. 나에게도 미안하다고 사과하시고 남동생에게는 성경 말씀으로 양육하지 못해 미안하다고 말씀하셨다.

"앞으로 매일 엄마랑 아침마다 성경 공부할 거지? '아멘' 하자."

남동생은 "아멘"으로 답했다.

엄마는 남동생과의 약속 후, 마치 축복기도를 하시는 것처럼 정말 아름다운 방언으로 기도하셨다. 그리고 갑자기 엄마가 코 고는 소리와 함께 토하시면서 의식을 잃어 손발을 제대로 가누지 못하셨다. 떨리는 손으로 휴대전화의 119번호를 겨우 눌렀다.

구급차를 타고 가는 도중 엄마는 잠깐 나를 알아보시고 말도 하셨는데 결국 의식을 잃으셨다. 인근 대학병원에 도착했고 검사해보니 뇌출혈이었다. 정확하게는 뇌지주막하출혈이다. 엄마의 뇌혈관에 기형적으로 생긴 부분이 있는데 평생 시한폭탄을 안고 사는 것과 같다고 했다. 미리 발견해 시술로 예방 조치를 하지 않으면 언제든지 갑자기 터질 위험이 있는 기형 혈관이다. 엄마는 가끔 극심한 두통에 시달렸는데 왜 정밀검사를 받지 않으셨을까? 혹시나 하는 두려움도 컸을 테고 심적 물리적 여유가 없었겠지만, 너무 안타까웠다.

중환자실 3일 차, 엄마 상태가 급속도로 악화하고 있었다. 처음 병원에 도착했을 때 사망률이 80%였는데 이제는 95%란다. 2일 차 저녁에 다시 출혈이 있었고 여기서 더 나빠지면 뇌사라고 했다. 4일 차 뇌부종이 심하고 혈압이 낮아져서 회생이 어렵다고 말씀하시는 의사 선생님이 진짜 야속했다.

중환자실이라 정해진 시간에 하루 두 번 면회가 가능했고 잠도 병원 휴게실에서 눈치 보며 쪽잠을 잤다. 면회 때 엄마의 얼굴 손발이 부어 있었다. 엄마에게 이야기하는데 엄마 눈에 약간 눈물이 맺혔다.

"그래도 딸 목소리는 들리는 거야?"

손발을 주물러 드려도 반응이 없다. 나는 무슨 생각으로 어떻게 그 시간을 견뎠는지.

그 와중에 챙겨야 할 일이 많았다. 나도 학기 중이었고 중학생이었던 남동생 등교, 미국에서 고등학교 다니던 여동생의 귀국문제, 밀린 집안일과 병원에서 필요한 짐 등등 정신이 없었다. 20년 전 그때 짧게 중환자실에서 계셨던 엄마의 상태와 내가 챙겨야 했던 일들, 스쳐 지나간 생각이 메모로 고스란히 남아 있다.

당시 내 마음 상태와 정반대인 앙증맞은 캐릭터 수첩에 흘겨 쓴 메모를 보면 '나는 제정신이었을까? 어떻게 저 상황에서 저런 메모를 남겼지?' 싶다.

2001년 10월 30일 화요일

• 오늘 할 일: 친구들한테 수업 관련 부탁하기, 남동생 등교, 짐 정리,
　 엄마 검사시간 확정하기

• 하나님께서 온전히 엄마의 목자 되심을 신뢰함

• 두려워 말자 가장 선한 것으로 주시며 인도하신다.

• 우리의 창조자이신 하나님을 신뢰!

2001년 11월 3일 토요일

• 오늘도 주님의 은혜로 하루를 시작한다.

• 1차 면회: 엄마 순환이 안 돼 결막이 부음, 손발 얼굴 따듯한 편, 발
　 닦아 드림, 눈물 흘리심

• 오늘의 할 일: 병원에 온 친구 친척 과일 대접, 비닐 소변 팩, 찍찍이
　 사기, 집 청소, 빨래,

• 엄마 카드 확인, 삼촌 한국 도착 시각 확인, 남동생 무릎 통증 이마
　 혹 체크, 보험료 자동이체

2001년 11월 5일 월요일

• 머리도 멍하고 몸도 지친다. 그렇지만 힘을 내야만 하는 상황이다.

• 오늘의 할 일: 교수님들한테 이메일, 남동생 공과금, 엄마 진료비 확
　 인, 삼촌 쓰실 방 정리

2001년 11월 6일 화요일

• 너무나 세상이 싫음

• 오늘의 할 일: 음식물 쓰레기 처리, 화장실 청소

• 저녁 면회: 엄마는 오늘 내일하고 계신다. 이르면 오늘 저녁, 길어
도 하루 이틀. 내일이면 미국에서 외삼촌이랑 여동생
이 온다.

• 엄마! 오늘 밤은 꼭 버텨줘. 견딜 거야.

2001년 11월 7일 새벽 1시 40분

• 엄마 돌아가심

• ① 영정사진 ② 엄마 도장/내 도장 ③ 9일 발인 ④ 카세트테이
프······.

대학교 1학년 겨울, 그렇게 나의 우주가 무너졌다.

내 삶의 롤모델인 엄마, 내 베스트프렌드가 갑자기 사라졌다.

왜 이런 일이 나한테 일어났을까? 아빠도 일찍 데려가셨고 친할
머니도 갑자기 심장마비로 돌아가셨는데 장례 치르고 돌아와 쓰러져
허무하게 돌아가신 엄마. 너무 불쌍하고 어이가 없었다. 하나님 저한
테 왜 이러세요? 눈물만 흘렸다.

아무것도 하기 싫었고 할 수 없었다. 누워서 기도했다.

"하나님 진짜 저는 세상에 낙도 없고 미련도 없어요. 그냥 눈 감고 있을 때 데려가 주세요. 제가 먼저 가면 남겨진 동생들이 너무 힘들 테니까 우리 셋 자는 동안 다 데려가세요."

20년이 지난 지금도 그때 나의 기록을 다시 살펴보는 건 참 슬프고 힘든 일이다.

그렇지만 한편으로는 엄마가 세상 환난 일찍 끝내고 더 아프지 않고 고통 없는 하나님 나라에서 편히 쉬셔서 다행이다 싶은 생각도 든다.

주민센터에서
주저앉아 울다

아빠는 술을 좋아하셨다. 그래서 실수도 많이 하셨고 엄마도 힘들어하셨다.

사업 수완이 좋아 늘 바쁘셨던 아빠는 평소에는 말도 거의 없고 애정표현이 없었다. 그런데 약주를 드시면 꼭 그렇게 잘 자는 우리를 깨우셨다.

"아 진짜, 아빠는 왜 저래 맨날!"

늦은 밤, 잠이 덜 깬 채 맡았던 아빠한테서 풍기는 술 냄새와 주머니에 넣어 오신 마른안주의 쿰쿰한 냄새가 아직도 생각난다. 이 정도면 애틋한 추억일 수도 있다.

하지만 종일 아이들 셋 먹이고 씻기고 재우는 것만 해도 버거웠을 엄마는 술 취해 몸도 제대로 못 가누는 아빠 뒤치다꺼리까지 반복하며 얼마나 화딱지가 났을까?

아빠는 이기지도 못하는 술을 양껏 드시고 눈치 없이 엄마 속 뒤집는 말도 하고 과격한 행동을 하신 적도 있다. 심지어 엄마가 자궁 쪽 시술을 하고 피곤한 다음 날 아침에도 아빠는 숙취로 갈증이 난다며 오이 착즙 주스를 만들어 달라 하셨다.

아빠가 엄청 얄미웠을 텐데도 주스를 만들어주신 엄마는 찐 사랑 대인배다!

엄마보다 5살이나 많은 우리 아빠는 정말 철딱서니 없는 큰아들이자, 손 많이 가는 도련님이셨다. 그 모습이 어린 내 눈에는 (아빠 미안!) 참 별로였다.

대학 입학 후 엄마가 말씀하셨다.

"은혜야, 너의 선택이지만 엄마는 가능하면 네가 술을 마시지 않았으면 좋겠다."

나도 술을 마시고 싶은 생각이 안 들었고 아쉬울 것도 없었다.

"그래, 나도 별로 안 땡겨. 그러지 뭐."

사실 내가 졸업한 학교는 술 많이 마시기로 유명한 학교다. 엄마와의 약속을 지키는 게 쉽지는 않았다. 신입생 사발식에서 크리스천 선배들 덕에 막걸리 대신 우유 맛 탄산음료를 원샷 했다. 물론 나는 빠르게 들이킨 어마어마한 양의 탄산 때문에 바로 화장실로 달려가야 했다.

나는 그 이후 다른 술자리에서도 다양한 음료로 독한 모습을 보였다. 그렇게 우리 과에서 나는 '술은 마시지 않는데 술자리는 항상 참여하는 특이한 아이'로 자리매김했다.

나름 즐겁게 잘 지내다 보니 나중에는 선배들이나 동기들이 알아서 사이다를 시켜줬다.

만약 내가 대학 입학 후 술을 마실 줄 알게 되었다면 어땠을까? 엄마가 돌아가신 뒤 나는 백 퍼센트 알코올 중독자가 되었을 거다. 엄마는 선견지명이 있었던 것 같다.

엄마의 죽음은 나에게 말로 표현하기 힘들 정도로 너무나 버거운 사건이었다.

엄마와의 약속 덕에 알코올중독은 피했지만, 당 중독이 왔다.

나는 침대에 누워 우울과 절망감에 절어 매일 큰 초콜릿을 한판씩 흡입했다. 살이 찌고 허리가 아프고 다리가 저렸다. 반짝반짝 빛나던 만 20살의 나는 어두운 내 방 침대를 벗어나지 못했다. 그렇게 누워만 있었다. 울고 싶지 않은데 눈만 감으면 한없이 눈물이 흘렀다.

엄마 돌아가시고 얼마 안된 어느 날, 행정처리를 하러 주민센터에 갔다. 그동안 혼자서 스스로 해본 적이 없어 아무것도 몰라 너무 속상했다.

'여기서 왜 내가 이걸 하는 거지? 내가 무엇을 잘못했지? 어디서부터 어떻게 해야 할까? 서류 한 장 발급받는데 왜 나는 이렇게 마음이 힘들까?'

나는 서러움이 북받쳐 주민센터 로비 소파에 그대로 주저앉아 엉

엉 울고 말았다.

집안은 늘 어질러진 채 엉망진창이었다. 이것이 우울증 증상 중 하나라는 것을 나중에 알았다. 이제는 집을 정리해주는 TV 프로그램에서 쓰레기장처럼 돼 있는 집을 보면 안타깝다.

'그 사람이 왜 저러고 살까'가 아니라 '치료가 필요하구나' 하고 이해하게 된다.

사춘기 남동생과는 매일 싸웠고 하루하루가 고통스러웠다. 나는 결국 학교도 휴학했다.

너무 힘들어 대학부 기도실에서 엎드려 기도할 때 하나님이 분명하게 말씀하셨다.

"아버지인 내가 너와 너의 동생들을 책임진다."

하나님이 마음에 강하게 응답하셨음에도 나는 우울해서 침대에만 계속 누워있었다.

집안일은 점점 트라우마처럼 금단의 영역이 되어 설거짓거리가 쌓이다 곰팡이가 피는 날도 많았다. 당 중독으로 건강도 무너져 왼쪽 다리가 저리고 발가락에서 쥐가 자주 났다. 당시 나는 대학부에서 많은 사람의 중보기도를 받고 매주 은혜를 고백하면서도, 일상의 우울함은 해결하기가 어려웠다. 지금도 아빠한테는 미안하지만 왜 엄마를 그렇게 급하게 데려가셨을까 궁금하고 천국 가면 하나님께 물어보고 싶다.

"하나님, 저한테 왜 그러셨어요? 말로 설명할 수 없이 마음이 찢어지지만, 생명의 주관이 당신께 있음을 인정하게 하시니 감사합니다. 엄마의 선한 목자 되심, 우리의 선한 목자 되심을 믿습니다. 이해할 수 없고 되돌아가고 싶지 않지만, 그 처절히 무너진 나에게도 견디고 살아낼 은혜를 주셨음을 고백합니다."

내가 대신 갈게

고등학교 때 나는 미국 병에 걸렸다. 당시 유행했던 미국 유학 성공 수기 베스트셀러에 꽂혀서 유학 보내 달라고 단식투쟁을 했다. 엄마는 끝까지 반대하셨다.

물론 지금 생각해보면 유일하게 의지하고 있던 첫째 딸을 미국에 보내기 힘들었을 엄마의 마음이 이해된다. 그리고 지금은 한국에서 대학 갈 수 있게 하신 것이 감사하다.

나는 그렇게 발악을 해도 못 갔는데 여동생은 미국에서 고등학교에 다녔다. 당시 미국에 유학하며 이민교회 목회를 하시던 외삼촌이 어느 정도 자리가 잡혀서 엄마에게 미국 유학을 제안하셨다. 엄마는 내가 아닌 여동생을 보내셨다. 나만큼 간절하게 가고 싶어 하지 않았는데 왜 동생만 보내셨는지 그때는 내심 엄마에게 서운했다.

하나님은 나중에 깨닫게 하셨다. 나는 국내 대학원 박사과정 때 영어로 논문 쓰는 수업을 들으며 원어민 교수와 애증 어린 관계를 쌓았다. 필수과목도 아니었는데 웬만한 전공과목보다 과제가 많아 더 많은 시간과 노력이 필요했다. 심지어 1교시 수업이었다. 내가 스스로 선택해 들은 개고생 수업을 통해 명확히 깨닫고 마음이 숙연해졌다. 미국 유학에 대한 일말의 아쉬움도 남지 않았다.

'휴, 미국서 대학 가지 않길 다행이다. 엄마의 반대가 신의 한 수였네! 정말 감사하다!'

직장생활을 시작하고 가장 아쉬웠던 것은 내가 번 돈으로 엄마 해외여행을 보내드리지 못한 것이다. (아빠 미안. 엄마가 고생 많이 했잖아요) 그나마 고등학교 때 엄마께 꽃과 손편지를 수시로 드렸던 추억이 있어 마음의 위안이 된다.

나는 대학 입학 전 합격 소식을 듣자마자 바로 과외를 시작했다. 그 무렵부터 적은 돈이었지만 엄마께 2년이 채 안 되는 짧은 기간이나마 용돈도 드렸다. 여행은 보내드리지 못했지만, 최소한 내 손으로 돈을 벌어 용돈을 드릴 수 있었던 것이 참 다행이다.

엄마는 우리를 다 같이 데리고 미국에 가시려 했던 것 같다. 엄마 돌아가시고 짐 정리하면서 돌아가시기 얼마 전 만들어 놓은 우리 가족 모두의 미국 관광 비자를 보면서 눈물이 참 많이 났다. 엄마는 얼마나 넓은 땅, 자유가 그리웠을까?

누구보다 열정적이고 예술을 사랑했던 엄마이기에 혼자 아이들 키우며 얼마나 숨 막혔을까?

마음이 아프다. 그래서 나는 비행기를 타고 해외 어딘가를 가면 제일 먼저 엄마 생각이 난다.

'엄마 내가 대신 왔어. 나랑 같이 보자. 엄마 숨통 내가 대신 틔워 줄게요!'

엄마가 돌아가시고 나는 준비하던 교환학생을 포기했다. 당연히 동생들이 어리니 유럽 배낭여행은 꿈도 못 꿨다. 미국에서 돌아온 여동생은 나와 마찰도 컸지만, 나에게 참 힘이 되어주었다. 미국에 가지 못했던 한을 여동생이 등 떠밀어준 덕에 풀었다. 휴학하고 우울함에 허우적대던 나에게 여동생은 강하게 밀어붙였다.

"언니, 우리 걱정하지 마. 우리가 아기도 아니고 말이지~~."

"진짜 누워만 있으면 언니 큰일 나! 제발 잠깐이라도 다녀와!!!"

당시 샌프란시스코에서 유학 중이던 친구 집에 가서 일주일 남짓 지내고 새로운 에너지를 얻었다. 매우 짧은 시간이었지만 확실히 전혀 다른 환경에서 낯선 경험을 하는 것이 큰 도움이 되었다. 당시 학기 중이었던 친구는 바빠서 나 혼자 미술관, 박물관, 대학 투어 등등 엄청나게 돌아다녔다. 샌프란시스코 현대미술관에서 르네 마그리트의 유쾌한 그림을 보며 오랜만에 느끼는 예술적 자극에 기분전환이 되었다.

전화로 겨우 예약하고 복잡한 트레인을 꾸역꾸역 시간 맞춰 타고

U.C. 버클리 대학 투어에 참석했다. 버클리대의 상징적 조형물인 뾰족한 시계탑을 동경 어린 시선으로 바라보며 여러 가지 상상을 해보았다. 내가 미국에서 학교에 다닌다면 어떨까?

그렇게 오고 싶었던 미국, 그것도 캠퍼스 한복판에 서 있는 것이 꿈만 같았다.

'엄마 내가 대신 왔어!! 박물관도 미술관도 대학도 내가 대신 가볼게.'

이런 생각을 나만 하는 것이 아니었다.

여동생은 현재 캐나다에서 살고 있는데 한국에서 대학을 간 이후 일본, 미국에서도 살았던 경험이 있다. 이 친구도 매번 다른 나라 땅을 밟을 때마다 엄마에게 마음속으로 말했다고 한다.

'엄마 내가 대신 보고 있어. 엄마도 느끼지?'

'엄마 딸들이 열심히 살아서 어느 나라든 대신 갈게! 우리가 글로벌하게 자유롭게 살게.

엄마가 우리에게 사랑으로 남겨준 믿음의 유산 덕에 사람 구실 하며 살고 있어. 감사해요.'

Part 2

그렇게
빼시더니
이제 더하시네

매일 오후 2시 노래방

나는 내가 무대 위 카리스마가 있다고 착각했다.

어릴 때부터 교회 성가대, 합창단, 찬양팀 활동을 하며 노래하는 걸 즐겼다. 고등학교 때 찬양팀 보컬을 하면서 무려(?) 팬레터도 받아 봤다. 대학부에서는 찬양팀 리더를 했다. 당시 찬양팀의 음악전공자들과 교류하면서 나도 노래를 업으로 삼고 싶다고 생각했다. 휴학하고 아르바이트해서 번 돈으로(아, 피 같은 내 돈……) 보컬 개인 레슨을 받으며 진지한 고민에 돌입했다.

집 앞 노래방 사용권 한 달 치를 끊었다. 현대음악을 해보겠다며 매일 낮 2시 노래방으로 출근했다. 가슴 저미는 발라드, 깜찍한 댄스 등 다양한 장르의 노래를 시도했다. 그동안 나의 창법은 성악 발성이 었기에 대중음악에는(사실 끼도 없고) 분명한 한계가 있었다. 예쁜 옷을 입고 싶어서 꾸역꾸역 어떻게든 몸을 구겨 넣어 입긴 입었는데 내

옷이 아닌 것 같은 느낌이랄까. 뭔가 부자연스럽고 버거운 상황인 걸 알면서도 왜 나는 피 같은 몇 달 치 알바비를 보컬레슨에 쏟아 부었을까? 심지어 재즈아카데미 보컬과에 등록하는 무모한 짓을 했을까? 참 돈이 많이 드는 삽질이었지만 사람이 끝까지 가봐야 포기가 된다. 아카데미에서 밴드를 구성하기까지는 했다. 하지만 맨날 변민만 하다가 제대로 무대에 서보지도 못하고 나의 원대한 포부는 초라하게 마무리되었다. '그래, 노래는 취미로 하자!'

거대한 삽질 후 현타(현실 자각 타임) 와서 복학해 졸업 필수과목인 교생실습을 모교로 나갔다. 이때 강력한 필이 꽂혔다! 고등학교 아이들과의 생활에서 큰 영감을 받아 가슴이 뜨거워졌다. 나는 전공이 교육학이라 도덕 과목으로 실습을 나갔다. 실제 교단에 서려면 시수가 많은 과목을 해야겠다 싶어 이중 전공을 국어로 택했다. 뒤늦게 국어 교육학을 이중 전공하는 바람에 졸업도 늦어지고, 막상 시작한 임용고시 준비는 일주일도 안 돼 때려치웠다는 슬픈 전설(?)이 있다. 나름 노량진에 가서 이것저것 정보도 알아보고 필요한 책들도 과감하게 샀으며 심지어 인터넷 강의까지 등록했는데……. 아뿔싸. 내가 생각했던 건 시 하나를 읽어도 아이들과 다양한 해석을 하며 소통하는 거였다. 그런데 그 자격을 얻기 위해서는 엄청나게 무시무시한 양의 정해진 해석을 외워야 했다. 나와 교육철학이 맞지 않는다는 고상한 말로 나의 게으름이란 궁색한 변명을 포장하고 바로 손을 뗐다. 어찌

보면 현명한 선택이었다. 포기는 빠를수록 불필요한 미련과 상처를 남기지 않는 법이다. 역시 이상과 현실은 다르다. 나의 충만한 감정과 냉정한 수험생활은 아주 다른 이야기였다.

나는 경영학을 부전공했다. 다양한 시도에 두려움이 없었다고 멋지게 말하고 싶지만, 사실 어차피 같은 학비로 다니는 학교 여러 가지 공부하는 것이 남는 것이라 계산한 것이었다. 경영학 과목들은(재수강해서 겨우 패스했던 회계를 제외하고) 대체로 매우 재밌었다. 공부하면서 자연스레 회사생활에도 관심을 두게 되었다. 전공인 교육학과 부전공인 경영학의 접합점, '기업교육'에 대해 호기심이 생겼다.

당시 교육학과생은 성인교육 관련 필수과목을 듣고 한 달간 평생교육기관에서 실습하면 평생 교육사 자격증을 취득할 수 있었다. 나는 이 실습을 한 대기업 연수원에서 진행된 신입사원 입문교육에서 하고 자격증을 땄다. 하나님은 이 경험을 통해 중등교육이 아닌 성인교육으로, 회사 내 교육으로 마음이 더 기울게 하셨다. 이 자격증은 나중에 요긴하게 쓰이게 하셨다. 어찌 보면 휴학도 길게 했고 맥락 없이 들쑥날쑥한 나의 삽질들이 커리어에 있어 약점이 되기에 충분한 상황이었다. 내가 졸업할 때 보니 여자 동기들은 이미 다 졸업했고 군대 갔다 온 남자 동기들 몇 명만 남아서 종종 놀림을 받기도 했다.

"박은혜도 군대 다녀왔나?"

대학 입학 전부터 과외를 했고 입학 후에는 학원 강의도 병행하면서 재정적으로 마음의 눌림 없이 내가 도전하고 싶었던 것을 시도했다. 물론 대학 새내기 때 하루에 과외를 두 탕씩 뛰어 마음껏 놀지 못한 것은 조금 아쉽다. 되돌아보니 다른 한 편으로는 바빴던 것이 나를 나쁜 길(?)에 빠지지 않게 막아주는 방패가 되기도 했다.

휴학과 여러 가지 경험 그리고 이후 사회생활까지 경력의 모든 연결고리에 퍼즐 맞추듯 주님의 은혜가 숨어 있다. 조각조각 흩어져있을 때는 무슨 그림인지 전혀 알 수 없었다.

실패한 것 같은 커리어 관리에도 불구하고 하나님은 결국 나의 경험을 다 쓰셨다. 내 길을 찾기까지 시간이 제법 걸렸지만 버릴 것이 하나도 없게 하셨다.

친구들은 벌써 다 취업했는데 나는 망했구나 싶었지만, 퍼즐이 맞춰지고 큰 그림이 드러나는 순간! 모든 인생 조각이 기막히게 딱딱 들어맞는 놀라운 은혜를 확인했다.

정말 합력하여 선을 이루시는 하나님의 능력이 내 인생에도 펼쳐졌다.

To be continued…. ^^

이유를 모르겠지만
널 뽑아야겠어

무대나 강단을 꿈꿨던 나는 사람 앞에 서는 직업을 갖고 싶었다.

목소리가 설득력이 있다는 말을 종종 들었고, 팀 과제에서 발표자 역할을 많이 했다.

결국, 대학 졸업반 때 뜬금없이 아나운서 준비를 시작했다. 불필요한 외모 스트레스도 엄청나게 받았다. 딱히 극단의 최선을 다하지도 못하면서 마음만 상했다. 체중을 확 감량하기엔 식탐을 포기 못했고, 의술의 도움을 화끈하게 받기엔 용기가 없었다.

그리고 지금 생각해보면 외모보다 더 중요한 태도와 실제적 준비 요소가 많았는데, 마음이 눌려 진짜 중요한 것을 보지 못했다. 100% 최선을 다하지 못해 아쉬움이 남지만, 결과적으로 좋은 경험이었다. 하나님은 방송국 아나운서가 아닌 회사 홍보팀 사내방송 아나운서로 입사하게 하셨다.

서울 본사에 1명 뽑는 계약직 아나운서 특채 시험, 대졸 공채 신입사원에 준하는 대우였고(당시 신입 초봉이 국내 최고 수준의 회사였다) 직군 특성상 경쟁이 치열했다. 나는 방송경력도 없었고 지원자 중 나이가 많은 편이었다. 방송경력 많은 어리고 예쁜 친구들이 참 많이도 지원했다. 그런데 지금 그때 사진을 다시 보면 나는 어이없을 정도로 형편없는 의상을 입고, 더 나이 들어 보이는 헤어 메이크업을 한 채로 시험장에 갔다. 나는 도대체 무슨 생각이었을까?

우연히 시험장에 1등으로 도착했던 나를 눈여겨보신 분이 있었다. 바로 시험장에서 처음 뵈었던 홍보팀 차장님! 나중에 알고 보니 심사위원 중 1, 2차 시험에서 결정권이 가장 큰 분이었다. 3차 임원 면접까지 다 끝나고 따로 나에게 연락을 주셔서 깜짝 놀랐다. 다소 무뚝뚝한 말투로 충격적인 말씀을 하셨다.

"이유는 모르겠는데 너를 뽑아야겠어. 대신 너의 부족한 경험을 메꿀 수 있게 스스로 노력 많이 해야 한다. 입사 전까지 글쓰기 공부도 열심히 하고 알았지?"

이 상황을 뭐라고 설명해야 할까? 은혜 아니면 무엇으로 설명할 수 있을까?

내가 맡은 주 업무는 뉴스와 교양프로그램의 작가 · 아나운서로서 사내방송 제작에 참여하는 것이었다. 사내외 큰 행사 사회도 많이 봤다. 준공식 사회자로 중국 출장 갔던 일, 모터쇼에서 김연아 선수 사인회를 진행했던 것이 기억에 남는다.

행사를 뛸 때 아무도 몰랐던 나만의 비밀이 있다!

나는 방송프로그램 촬영과 다양한 행사에 참석할 때 의상을 내가 직접 구매해야 했다.

인지도 있는 아나운서가 아니다 보니 협찬을 받을 수 없어 의상은 항상 고속버스터미널 지하상가 저가 매대에서 만 원짜리 제품으로 해결했다. 오랜 기간 소장했던 엄마 원피스를 리폼해서 입기도 했다. 인터넷에 기사 사진으로도 많이 올라왔던 김연아 선수 팬 사인회 진행 시 입었던 의상도 바로 그 고터(고속버스터미널ㅆ) 지하상가 만 원짜리 원피스와 보세 가게에서 구매한 볼레로였다. 구두도 백도 내 돈으로 비싼 것을 산 적이 없다. 월급 받아서 쇼핑은 거의 하지 않고 헌금이랑 저축만 했다. 행사 때 회사 협찬으로 청담동 미용실에 처음 갔는데 드라이 가격에 뜨악했다. 명품에 관심이 없어 브랜드에 대해 무지했던 나는 st. (~~스타일, 명품을 모방한 제품)인 줄도 모르고 길거리에서 큰 숄더백을 하나 샀다.

행사 당일 짐이 많아 편하게 다 담을 수 있는 그 가방을 메고 갔다. 행사장 조명이 어두웠는데 홍보팀 여자 과장님이 나를 쓱 보고는 한마디 했다.

"보네타 OOO구나, 역시 아나운서는 다르네."

"네?!"

나는 무슨 말인지 몰라 그냥 웃으며 넘겼다.

나중에 이직한 회사에서 브랜드 공부를 하면서 그때 생각이 나서 정말 빵 터졌다.

하나님께서 주의 자녀는 부끄러움 당하지 않게 지키신다고 했던가! 신기하고 감사할 따름이다.

주의 은혜로 덧입어 브랜드 옷 없이도 그 자리에서 필요한 역할을 충분히 감당하며 빛나게 하셨다.

나는 아나운서 계약 종료 후 나 자신을 가감 없이 객관적으로 분석하며 고민했다.

방송으로 빠지기엔 나이도 많고 외모도 끼도 평범하기 그지없었다. 나는 내 깜냥을 잘 알았다. 그렇다면 전공을 살려보자! 그런데 지금 백수인 나는 어떻게 해야 하지?

퇴사 후 기업행사진행자로 프리랜서 활동을 하면서 한 온라인 교육콘텐츠 업체에서 제작하는 온라인 MBA 과정 아나운서로 합류했다. 당시 나는 주어진 대본만 읽지 않고 해당 교육의 취지와 내용을 바탕으로 대본을 적극적으로 수정해 준비해 갔다. 그리고 매번 마음을 다해 즐겁게 촬영에 임했다. 처음에는 한 과목만 계약했는데 다른 아나운서에게 배정되었던 과목들까지 나에게 재배정되어 총 3과목을 맡았다. 촬영 기간이 길어지다 보니 담당자와 다양한 대화를 나누며 나의 대학 전공과 이전 경력, 향후 일하고 싶은 분야 등이 자연스럽게 노출되었다.

마침 그 회사는 평생 교육사 자격증을 소지한 교육기획자가 필요했다. 내가 대학 때 땄던 바로 그 자격증!! 어떻게 이렇게 세부 조건까지 맞춤형으로 딱딱 붙여주셨을까? 경력의 연결고리 안에 숨은 은혜다.

나의 두 번째 회사는 교육업체답게 임직원의 대학원 진학을 독려했다. 덕분에 나는 감사하게도 기업교육 전공으로 석사 과정을 시작했고, 그곳에서 다양한 회사의 교육 담당자들을 만났다. OT 때 참석한 여학우가 나 하나여서 기장(기수대표)이 됐다.

다양한 학교 행사를 기획하고 주도한 나에게 동기들이 신입사원 강의를 부탁했다.

결국, 나는 퇴사하고 학업에 집중하며 본격적으로 비즈니스 매너 강의를 하게 되었다. 어쩌다 보니 여러 중소기업의 인턴을 대상으로 통합 진행된 국가교육프로그램에서 대규모 강의도 했다. 동기들 회사 외에 다른 회사에서도 강의할 기회가 생기고 교육 과정 컨설팅 프로젝트도 참여하는 등 커리어가 점차 확장되었다.

코스워크를 마치고 그간의 교육 기획업무와 강의 경력을 바탕으로 대기업에 입사하게 되었다. 나는 당시 논문을 쓰려면 일정 규모 이상의 설문 조사가 필요했다.

프리랜서였던 나를 바로 그 논문 학기에 큰 조직으로 보내주신 것이다.

이쯤 되면 양팔에 소름이 돋지 않는가?

하나님의 퍼즐 맞추기에는 한 치의 오차도 없다. 내가 잘나서 한 게 아니다. 주님은 내가 잘난 척할 수 없도록 나의 사회생활과 이직 경험을 통해 너무도 명확히 보여주셨다.

오직 주님이 인도하셨다. 나는 그 섬세하고 놀라운 은혜를 인정하고 고백할 뿐이다.

엄마가 보냈니?

열정적인 데이트 후 남자친구의 연락이 없다! 보통 집에 도착하고도 남을 시간인데 왜 문자 한 통이 없지? 전화도 안 받고 무슨 일이 생겼나 싶어 애가 탔다. 택시 타고 찾아가 봐야 하나 심각하게 고민하고 있는데 전화기 진동이 느껴졌다. 재깍 받아 나도 모르게 쏘아붙였다.

"뭐야! 왜 이렇게 연락이 안 돼?"

"나 사고 났어. 처리한다고 연락이 늦었네. 그런데 나 안 다쳤어. 집에 잘 와서는 졸았는지 주차하면서 전봇대에 살짝 쿵 한 거니까 진짜 걱정하지 마."

(남자친구의 오래된 중고차는 살짝 쿵 했을 뿐인데 폐차했다.)

내가 폐차할 정도로 사고가 났는데 정말 괜찮은 것 맞냐고 연신 닦달을 하니 한마디 보탠다.

"장모님이 우리 은혜 옆에서 잘 지켜 주라고 나를 살려주신 것 같아!"

예쁜 말로 사람 심쿵하게 하는 걸 보니 멀쩡하긴 멀쩡한가 보다.

결국, 나는 이 남자와 결혼했다. 함께 살아 보니 남편과 나는 정말 서로 달라도 너무 달랐다.

배우자는 로또라더니……. 정말 맞는 것이 하나도 없다!

남편은 주말에 일어나면 우선 창문을 모두 열고 청소기를 돌렸다. (뭐지? 왜 이리 부지런하지?) 나는 좀 더 뒹굴뒹굴하고 싶지만 혼자 늦잠 자기엔 미안하니까 우선 거실로 나간다. 자연스럽게 소파에 앉아 TV를 켜니 평일에 놓친 프로그램이 재방송한다. 이것 좀 보다가 같이 해야지. 넋을 놓고 보고 있는 나에게 남편이 말한다.

"다리."

이제 나는 아예 소파에 누웠다. 아무 말 없이 소파 밑을 청소기로 꼼꼼하게 밀던 남편은 무슨 생각을 했을까? 집안 정리를 간단히 마치고 우리는 백화점에 갔다. 딱히 살 물건이 있는 것도 아니어서 나는 당연히 바로 지하 식품관으로 내려가 밥을 먹을 줄 알았다. 뭐를 먹을까 행복한 고민을 하고 있는데 이 남자가 올라가는 방향의 에스컬레이터를 타는 것이 아닌가?

"뭐야, 어디 가?"

"올라가 보자. 계절이 바뀌어서 디스플레이도 다 바뀌었을 거야."

"나 살 것도 없는데?"

"꼭 살 게 있어야 하나, 가서 너 옷이랑 신발도 좀 봐봐. 나는 청바지 좀 봐야겠다."

"나 배고픈데. 밥부터 먹으면 안 돼? 메뉴도 다 생각해놨는데……."

그렇다. 단순한 나와 섬세한 이 남자는 달랐다. 마트에서도 마찬가지. 나는 마트에서 오랜 시간 돌아다니는 걸 딱 싫어한다. 그냥 필요한 것만 후딱 사서 나오고 싶은데 남편은 물건을 꼼꼼히 살펴보고 구경하는 것을 좋아한다.

나는 큰 고민 없이 바로 실행하는 스타일인데 남편은 최대한 많은 정보를 모으고 최악의 상황까지 고려하고 분석해 최종 선택하는 신중한 남자다.

우리는 신혼 때 매일 저녁 집 앞 공원을 산책하며 많은 대화를 나눴다. 특히 각자 직장생활을 하고 있지만, 아직 젊고 기회가 있을 때 도전할 수 있는 부분에 관해 함께 깊이 고민했다.

남편이 유학을 고민하면서 현실적인 부분에서 망설일 때 나는 그를 부추겼다.

"오빠, 원하는 게 있으면 무엇이든 저질러! 나도 돈 벌잖아. 걱정하지 마. 우리 하고 싶은 건 하고 살자. 나는 오빠가 하는 모든 선택을 지지하는 거 알지? 내가 이탈리아 유학원에 내일 당장 가볼게. 독일이 더 좋으면 독일문화원에서 우리 독일어 강의부터 들어볼까?"

집안일에 서툰 내가 답답하고 화가 날 법도 한데 남편은 꽤 오랜 기간 묵묵히 자기 할 일만 했다. 스스로 할 수 있는 것은 본인이 알아서 하고 남에게 강요하지 않는 그의 성품은 같이 살수록 더욱 빛났다. 그가 기다려 준 덕분에(나도 사람인지라 양심에 찔리고 눈치도 보여서) 집안일 트라우마를 이겨내고 내 나름대로 조금씩 움직이기 시작했다.

나는 아이 셋을 키우고 있는 지금도 여전히 살림력 제로의 하수지만 청소 고수 남편과 함께한 세월이 10년이 훨씬 넘다 보니 조금은 사람 구실하게 되었다. 배우자는 서로 돕는 배필로 허락하셨다는데 살수록 그 말에 동의하게 된다.

사실, 15년 전 남편이 전봇대를 받고도 다치지 않았던 것은 내 배우자 기도의 응답이었다.

나의 배우자 기도는 매우 간단하다.

"그가 어디 있든지 저를 지켜 주시듯 그를 지켜 주세요. 그리고 저를 딸처럼 사랑해주시고 저도 부모님처럼 따를 수 있는 시부모님을 허락해 주세요."

또한, 나는 천국에서 엄마가 열심히 기도하셔서 주님이 그를 보호해 내 옆에 보내주셨다고 믿는다. 이 남자는 정말 엄마가 하늘나라 가시고 엄마 대신 나를 지켜 주라고 보내준 사람이 아닐까?

내 안의 어린아이

    유년기에 일찍 철이 들어 착한 딸 코스프레하며 별 탈 없이 사춘기를 보냈다.

    하지만, 덜 자란 어린아이가 마음속 한구석에 자리 잡았다. 아이답게 고집도 부리고 치대야 했는데 그걸 못하고 어른스러운 모습으로만 살다 보니 어마어마한 보상심리가 생겼다.

    어디 한 놈(?)만 걸려보라 하고 칼을 갈고 있던 그 아이가 연애하면서 본색을 드러냈다.

    풋풋했던 연애 시절, 기념일에 남자친구가 전망 좋기로 유명한 레스토랑을 나 몰래 예약했다.

    서프라이즈에 기분 좋게 들어갔던 나는 울면서 나왔다. 남자친구는 얼마나 황당했을까?

    당시 엄마에 관한 이야기를 나누다 남자친구가 선택한 단어 하나가 마음에 거슬렸던 것 같다.

자세한 대화 내용이나 화가 난 단어가 뭐였는지 기억도 나지 않는다. (원래 자신에게 불리한 사건은 잘 기억이 나지 않기 마련이다)

꼬리를 물며 꼬투리를 잡던 나는 얘기할수록 내 감정에 빠져 남자친구를 천하의 나쁜 사람처럼 매도하고 훌쩍거리기 시작했다.

예약하기도 어려운 데이트 핫플레이스, 커플들 분위기 잡기에도 시간이 모자란 야경 끝내주는 그곳에서 이 무슨 민폐인가! 나 같으면 진상이라 생각하고 진즉 손절(?)했을 텐데 옆에서 그걸 다 견뎌내고 내 남편이 된 이 남자, 참 대단하다.

남자친구가 취업하고 기분 낼 겸 선물을 사준다고 한 어느 날, 스카프가 필요했던 나는 신나게 백화점 매장을 돌아봤다. 딱히 마음에 드는 스카프가 없었다. 그런데 어떤 백이 내 마음을 사로잡아 버렸다!

눈치 없이 나는 한참 서서 그 백을 들었다 놨다 살펴보고 매장을 빠져나왔다.

눈치 빠른 남자친구가 모를 리가 없었다.

"그 백 맘에 들지?"

"어……. 아니……. 응."

그날 나는 스카프가 아니라 내 인생 최초의 명품 가방을 선물 받았다.

사실 브랜드에 관심이 없어 잘 몰랐고 그저 디자인에 꽂혔던 나는 그렇게 철딱서니가 없었다.

다한증 때문에 짜증나는 상황들이 겹치면서 스트레스가 터진 날, 나는 남편(예전 남자친구)에게 징징거렸다.

"나 죽고 싶어 진짜. 오빠는 모를 거야. 진짜 진심 수술해야겠어."

나의 축축한 손과는 달리 우리 남편의 손은 보송보송하고 심지어 부드럽다.

"진짜 내 손목 잘라서 바꿔 줄 수 있으면 그렇게 해주고 싶다."

남편은 한쪽 손날로 반대쪽 손목을 끊는 액션까지 취하며 진심으로 말했다.

그 덕분에 치솟은 분노가 가라앉고 마음이 뜨끈뜨끈 말랑해졌다.

엄마 계실 때는 한의원에서 한약도 먹고 체질식도 했었지만, 그때 뿐이었다. 엄마가 돌아가시고는 어떻게 치료할지 적극적으로 생각도 못 했다.

사람이 정신적·물리적으로 너무 힘들고 버거우면 뇌가 멈춘 느낌이 들 때가 있다.

마치 이성적 사고가 불가능한 아이처럼, 딱 내가 그랬다.

결혼 후 남편의 적극적인 정보수집과 권유 덕에 나에게 맞는 방법을 고민해 볼 수 있었다.

방법을 찾아 시도하는 것만으로도 치료 효과와 상관없이 너덜너

덜한 마음이 힐링되었다.

남편한테는 나의 온갖 찌질한 모습은 다 보여준 것 같다.

아빠가 일찍 돌아가시고 엄마마저 황망히 가신 후 괜찮은 척, 어른인 척, 씩씩한 척하던 모습은 남편 앞에서 싹 다 내다 버렸다. 그냥 내 모습 그대로 남편한테 치댄 덕분에 마음속 응어리들이 많이 풀리고 치유되었다. 나는 지나가는 말로 가끔 남편한테 툭 던진다.

"니 나 데리고 산다고 고생이 많대이~ 고맙습니다."

부산 남자인 그에게 서울 여자인 내가 한 말이다.

그가 인내하고 내 옆을 지켜 준 덕분에 내 안의 덜 큰 아이는 아이다움을 맘껏 발산했다.

남편을 옆에 붙여주시고 도망가지 못하게 꼭 붙잡아 주신 은혜에 참 감사하다.

하나님은 그렇게 배우자를 통해 내면의 어린아이를 키워주시고 불안정한 내면을 조금 더 온전케 만져주셨다.

우아한 워킹맘

나는 내가 우아한 워킹맘이라 생각했다. 적어도 첫째 딸 키울 때까지만 해도 굳게 믿었다.

아이를 낳고 육아휴직은 7개월만 쓰고 연내에 복직했다. 복직 다음 해가 과장승급 바로 전이라 차기년도 사업계획에 참여하는 것이 중요했기 때문이다. 마침 서울 전셋집이 만기였는데 시부모님의 따뜻한 배려 덕에 육아휴직 기간 동안 부산 시댁에서 지냈다.

일 벌이기 좋아하는 나는 출산 후 100일도 안 돼 박사과정 면접을 봤다. 일주일에 한 번씩 수업을 듣기 위해 부산에서 서울로 통학했다. 새벽 첫차를 타고 올라와 종일 수업 듣고 저녁 늦게까지 과제 하고 여동생 집에서 잤다. 다음 날 1교시 수업을 듣고 다시 부산으로 가는 KTX를 탔다. 내가 사서 한 고생인데, 시부모님은 공부 욕심 많은 며느리를 응원해주셨다. 가족들의 배려 덕에 더 독하게 마음먹고 열심히 공부했다. 대학원 수업은 그 당시 나에게 산후우울증 치료제였다.
(이렇게 비싼 약이라니, 사회생활 하면서 저금했던 비상금이 있어 다행이었다)

    그런데 회사에서 나를 오해했다. '이직을 위한 학업인가?' 하는 의심의 시선과 '복직 후 업무가 많은데 육아에 학업까지 병행할 수 있겠냐?'는 압박이 느껴졌다. 나는 최대한 회사업무를 우선순위에 두고 최선을 다했다. 당시 맡았던 직무 외에 전사 멘토링 프로젝트에도 열정적으로 참여했다. 바로 다음 해 나는 과장으로 승진했다. 엄마인 나를 차별 없이 업무 능력만으로 평가해 준 회사가 진심으로 고마웠다.

    처음엔 오해받아 억울하기도 했지만, 직장어린이집에 첫째 딸을 맡길 수 있어 맘 편히 업무에 집중했다. 예전에는 육아휴직을 제대로 쓰지도 못하는 문화였다. 그런데 내가 임신한 그해 그룹 전체적으로 모성보호 관련 제도와 직장어린이집이 신설됐다! 법적으로, 또 사내문화 개선 차원에서 임신한 직원에 대한 여러 가지 혜택과 지원이 생겼다. 깨알같이 허리보호 쿠션, 비싼 튼 살 크림까지 임신 축하 선물로 주었다. 왜 하필 그때 직장어린이집이 개소하고 그런 제도들이 생겼을까? 혹자는 세상이 좋아졌다며 단순한 우연이라고 할지 모르지만 왜 하필 그때냐 말이다. 이 회사에 입사한 것과 임신 후 회사에서 받았던 배려, 육아휴직, 복직 후 승급까지 모든 과정에 주님의 도우심이 있다. 이를 통해 하나님은 내게 분명히 말씀해주셨다.

"내가 너의 아버지다. 너의 가정을 친히 지키니 염려하지 말아라."

나는 멀티플레이가 어렵다. 일과 육아, 학업을 동시에 하려니 (그나마 남편의 육아 참여도가 높아 견뎠다) 머리에 쥐가 날 지경이었다. 멀티가 안 되는 사람이 여러 역할을 감당하려니 생산성이 중요했다. 하나님은 그때 《미라클 모닝》이라는 책을 읽게 하셨다. 나는 단순한 실천의 여왕이다. 필 받으면 바로 한다. 박사과정 수료를 위해서는 코스워크를 마무리할 때 종합시험을 필수로 봐야 한다. 잠 많은 내가 종합시험을 앞두고 매일 새벽에 일어나 짧게 기도하고 선언하며 공부하는 루틴으로 미라클 모닝을 실천했다.

시험 당일, 첫째가 아팠다. 모든 엄마는 공감할 것이다. 아무리 내가 날고 기고 중요한 일을 하고 있다 해도 애가 아파 버리면 '뭣이 중헌디' 모드로 전환될 수밖에 없다. 남편은 매일 새벽 준비한 것이 아깝다며 시험장으로 내 등을 떠밀었다. 남편이 아이와 버텨준 덕에 시험을 봤다. 아이 걱정에 과목마다 미친 듯이 휘갈겨 쓰고 1등으로 시험장에서 탈출했다. 무슨 정신으로 시험을 봤는지 기억도 잘 나지 않는데 감사하게도 통과했다!

시험일이 토요일이어서 아이는 결국 응급실에 가야 했다. 처음에는 얼굴에 홍반이 올라왔고 열이 나면서 몸 전체로 홍반이 번졌다. 입원해서 알레르기 검사를 했는데 아무 이상이 없었다. 원인불명의 홍반은 스테로이드 성분의 수액 치료를 받고 진정되었다. 첫째가 직장어린이집에 적응을 잘 해줬는데 혹시 적응 스트레스를 몸으로 표현했던 것이 아닐까? 출근 전 이른 시간에 등원해서 엄마 퇴근 후 같이 집에 왔으니 어린아이에게 버거울 법도 하다. 지금 생각해도 미안하고 고맙고 안쓰럽다. 하지만 요리 꽝(짱이 아니라 꽝이다!) 엄마인 나랑만 있었다면 그때 어린이집에서 먹었던 영양 균형 잡히고 맛도 좋은 유기농 식사와 간식은 꿈도 꾸지 못했을 거다.

당시 어린이집 선생님들은 정말 좋은 분들이셨다. 첫째 아이가 기질상 본인이 불편함을 느껴도 가능하면 상대방에게 맞춰 준다는 것을 아시고 맞춤형으로 보육해주셨다. 아이에게 적극적으로 자신의 감정을 표현하도록 이끌어 주셔서 큰 도움이 되었다. 밥을 먹을 때도 먹기 싫으면 절대 억지로 먹지 말고 그만 먹어도 된다고 격려해주셨다. 친구가 불편하게 하면 친구에게 '이렇게 하면 내가 불편해'라고 정확하게 의사 표현할 수 있도록 도와주셨다.

아이가 입원했을 때 병문안 와주셨던 원장선생님과 담임선생님을 뵈면서 눈물이 났다. 선생님들도 엄마인 나와 같은 마음으로 아이를 바라봐주셔서 얼마나 감사하던지. 당시 원장님은 크리스천이셨는데 첫째 아이가 일과 중에 피곤해하면 원장실에서 쉴 수 있게 해주셨다. 안고 재워주시며 기도해주셨다. 일상 곳곳에 담겨 있는 주님의 섬세한 도우심과 남편의 적극적인 협조 덕에 잠깐이지만(?) 나는 우아한 워킹맘으로 살 수 있었다.

쌍둥이라고요?!!!

예상치 못한 둘째 임신, 첫 검진에서 아기집이 보이지 않았다.

"엄마 나이도 있고 해서 계류유산 확률이 있어요, 몇 주 뒤에 다시 보죠."

몇 주 뒤 다시 병원을 찾았다. 그런데 초음파를 보시던 의사 선생님 눈이 커지셨다.

"아기집이 어…… . 보이긴 하는데…… . 두 개인데요?"

"네?!"

"축하드립니다. 쌍둥이네요!"

기쁨보다 충격이 컸다. 믿기지 않았다. 쌍둥이라니 생각도 못 해봤다. 가족 중에도 쌍둥이가 없는데, 이게 무슨 일이지?

첫째 때는 입덧도 없어서 나는 막달까지 쌩쌩하게 출근했다. 퇴근 후에는 수업까지 들었다. 그런데 쌍둥이는 달라도 너무 달랐다. 당연히 입덧이 없을 줄 알았는데 웬걸.

입덧 증상으로 입맛이 없어 몸무게가 3kg 빠졌다. 심지어 임신 당뇨 검사에서는 재검이 떴다. 아무거나 많이 먹었던 첫째 때는 한방에 통과했던 임신 당뇨 검사에서 재검이라니!

검사 전까지 나름 건강하게 식단관리를 했음에도 검사 결과 경계 수치가 나왔다. 결국, 병원에서 영양교육을 받고 엄격한 식단관리를 하게 되었다. 매일 아침 의료용 침으로 손가락을 찔러 피를 내 공복 혈당을 재서 기록하고 식후 혈당수치를 체크하는 기록의 삶이 시작되었다. 다한증이 있다 보니 바늘이 미끄러져 한 번에 제대로 찌르지 못하면 손가락을 바꿔가며 여러 번 찔러야 했다. 쌍둥이라 무거워 그런지 (아니면 내가 늙어서인지) 체력도 급격히 달려 골골댔다. 약간 피곤하다 싶으면 밑이 빠지는 느낌이 들어 무서웠다. 어쩔 수 없이 최대한 모든 연차를 당겨서 앞에 붙이고 출산휴가를 일찍 썼다. 출산휴가 시작 후 조산기 우려가 있어 집에서 누워서만 지냈다. 진짜 한 일이라고는 병원에서 권유한 식단에 맞춰 밥, 간식 챙겨 먹고 매번 혈당수치 검사해 기록한 것이 다였다. 꼼꼼히 기록하고 추이를 분석해 색깔 볼펜, 형광펜으로 표시하며 열심히 관리했다. 식단일지를 검사 받으러 갔을 때 간호사님이 내 식단일지를 영양교육 때 샘플로 썼으면 좋겠다며 병원에 기부해달라고 하실 정도였다.

이건 사람인가 곰인가?! 책도 눈에 들어오지 않아서 잠만 엄청 많이 잤다. 최대한 움직임을 자제했다. 이렇게 해도 쌍둥이는 어쩔 수 없었다. 아직 때가 안 됐는데 피가 비쳤다. 급하게 병원으로 가 진료를 받고 바로 입원하게 되었다. 시부모님은 지방에 계셨고 여동생은 올 수 없는 상황이었다. 마침 토요일이라 다행히 남동생 부부가 병원으로 와서 첫째를 챙겼고 남편은 나의 입원을 도울 수 있었다. 이것도 깨알 같은 은혜다. 토요일이 아니었다면 참 난감했을 상황이었다.

처음에는 비상사태를 대비해 출산장에서 누워 있어야 했는데 허리가 너무 불편했다.

옆에서는 출산이 임박한 산모들의 비명이 들리는 멘탈 털리는 환경, 다행히 이틀 후 상태가 안정되어 일반병실로 옮겼다. 일반병실은 상대적으로 조용했고 침대는 이전에 비하면 호텔급이었다. 입원해서 라보파라는 자궁수축억제제를 맞으며 최대한 버텼다. 라보파의 부작용은 사람마다 다른데 나는 엄청난 열감과 심장이 빨리 뛰는 부작용을 겪었다. 아직 아이들이 2kg 내외로 추정되는 시기여서 폐 성숙 주사도 2번 맞았는데 생각보다 얼얼했고 멍이 꽤 오래갔다. 입원 동안 하나님께서 아이들을 가장 좋은 날 만나게 하실 것이란 확신을 마음에 주셨다.

그리고 진심 어린 회개를 하게 하셨다. 입원 기간이 나에게는 출산 전 아이들을 하나님께 믿고 맡기며 순전한 기도로 예수님을 깊이 만나는 축복의 시간이었다.

하도 자주 찔러서 바늘로 찌를 수 있는 멀쩡한 손가락 찾는 것이

지긋지긋했던 임당관리도 결국 건강관리가 되게 하셨다. 첫째는 출산예정일 지나 양수가 터져 유도제를 투여해 꽤 긴 시간 진통을 버티다 아기가 내려오질 않아 제왕절개수술을 했다. 진통은 진통대로 하고 결국 수술한 억울한 경우였다. 과정이 힘들어서 그랬는지 수술 후 회복이 더뎠고 만삭 때보다 출산 직후 몸무게가 더 나갈 정도로 몸도 어마어마하게 퉁퉁 부었다. 그런데 이번에는 쌍둥이였음에도 만삭 때 몸무게가 첫째 때보다 덜 나갔고 임신 후 증량된 몸무게 역시 더 적었다. 무엇보다 쌍둥이 출산 후 부기가 하나도 없어 깜짝 놀랐다. 수술 후 회복이 엄청 빨랐고 몸과 마음의 컨디션도 매우 좋았다. 체중도 산후조리원에 있는 동안 빠른 속도로 임신 전 몸무게로 돌아왔다. 신기했다. 어떻게 이렇게 다를 수가 있지? 이건 다 쌍둥이를 맞이하기 위해 준비시키신 거였다.

출산 전 잠만 자길 정말 잘했다. 쌍둥이들이 태어나고 나는 거의 1년간 좀비로 살았다. 100일 정도까지는 정말 거의 나노 단위 쪽잠을 자다 보니 깨어 있어도 늘 멍하고 둥둥 떠 있는 느낌이었다. 제발 2시간 만이라도 맘 편히 푹 자보는 것이 소원이었다.

예상치 못한 쌍둥이란 선물을 주시고 개고생에 앞서 미리 준비시켜주신 은혜, 임신성 당뇨 관리를 하게 하시고 잠만 자게 하셨던 것에는 빅픽처가 있었다.

하나님, 당신은 역시 계획이 있으셨군요!

극강 수발러

우아함은 첫째 기질 덕이었지 내 안에 선한 것은 하나도 없었다.

쌍둥이 아들 육아에는 학위도 책도 필요 없었다. 하루하루 버티며 견딜 수 있는 강인한 체력과 건강한 마음이 간절했다. 나는 산후조리원을 나설 때만 해도 이런 긍정왕이 따로 없다 싶게 엄청 좋은 에너지를 뿜었다. 그런데 시간이 지날수록 나는 점점 피폐하고 폐쇄적으로 변해 갔다. 가족을 제외한 모든 인간관계는 단절되었다. 그저 쌍둥이 수발에 지쳐 푸석해진 나만 남았다. 그 시기를 건강하게 버텨준 첫째에게 고마울 따름이다.

하루하루가 전투 육아 서바이벌이었다.

쌍둥이 둘이서 돌아가며 토하고, 돌아가며 보채고, 돌아가며 자다 깨고, 돌아가며 중이염 걸리고, 돌아가며 모세기관지염 걸리고, 돌아가며 설사하고……. 후…….

극강 수발러(수발+er = 수발 드는 사람) 인생 돌림노래에 미치기 직전 까지 갔다.

"나 돌아갈래~~~!!!"

첫째는 10개월부터 혼자 잘 잤다. 재우고 나오면 쭉 자기 방에서 통잠으로 푹 자준 천사!

왜 둥이들은 돌이 지나도 자다 깨서 나를 찾는 것인가? (4살인 지금도 잠결에 더듬어 옆에 내가 없으면 찾는다) 나는 첫째를 키울 때 잠자리 독립이 빨랐기에 내 시간을 갖고 공부도 할 수 있었다. 그런데 둥이는 육퇴(육아 퇴근) 개념이 아예 없었다! 이건 뭐 재울 때도 오래 걸리는데 심지어 옆에 계속 붙어 있어야 한다.

아놔. 비교하고 싶지 않아도 상대적으로 너무나 수월히 커 준 첫째 덕에 쌍둥이 아들들 키우는 것이 더 버거웠다. 쌍둥이지만 성향이 각자 다른 두 아들. 서로 반대 방향으로 요구하는 고객님들, 엄마는 어디에 맞춰야 하는 거니? 장난감은 똑같은 것 두 개 사줘도 왜 매번 하나 가지고 싸우는 거지?

안타깝게도 선둥이는 참는 변비였다. 대학병원 진료도 받고 약도 장기적으로 먹였다. 치료에 1년 이상 걸린다는 의사 선생님 말씀에 그때는 설마요 했는데 진짜였다. 매일 쓰던 배변일지도 몇 달간 쓰고 너무 스트레스 받아서 때려치웠다.

얼마나 아이와 부모가 고생하고 삶의 질이 떨어지는지 이런 상황을 겪어본 엄마만 알 것이다. 아이는 똥을 죽을힘을 다해 참는다. 다리를 꼬고 똥이 나오지 못하게 엉덩이 쪽에 힘을 준다. 결국, 이 과정에서 똥이 조금씩 밀려 나와 항문 주위에 붙고, 힘주면서 상한 피부가 더 안 좋아지는 악순환이 반복된다. 하루에 열 번 넘게 똥을 지려서 욕실에서 매번 씻기다 보면(피부가 상해 물티슈로 닦이기 힘들다) 허리가 너무 아프다. 아이는 엉덩이 피부가 헤져서 아프니까 씻길 때 잘 벌리지도 않는다. 씻기는 것이 끝이 아니다. 씻기고 매번 드라이기로 말리고 로션과 약을 발라줘야 했다. 허리는 끊어질 것 같고 땀은 비 오듯 흐르는데 이 짓을 몇 번이고 반복하다 보면 하루가 짧았다.

첫째 키울 때는 상상도 못 했다. 둥이들과 씨름하다 보면 어느 순간 나는 악에 받쳐 꽥 소리를 질렀다. 소리를 질러도 둥이들은 빙글빙글 능글맞게 웃으며 자기들 하고 싶은 대로만 한다. 중간이 없는 내 목소리 볼륨에 스스로 민망했던 적도 많았다. 순간순간 단전에서부터 끓어올라오는 복식 발성이 너무 짱짱해서 우아함 따위는 눈 씻고 찾아보기 힘들다.

"이노무 시키들!!"

평생 욕이란 걸 모르고 살았는데 거친 단어가 나도 모르게 입 밖으로 튀어나온다. 욱이 올라올 때 입을 다물자고 야심차게 결심하지만, 그 야무진 결심은 너무도 쉽게 무너지곤 했다. '둥이들이 돌아가며 울음과 떼쓰기의 블랙홀로 나를 초대할 때 당황하거나 휘말리지

말고 여유 있는 기다림 모드로 콧노래 흥얼거리며 나의 할 일을 하자. 쓱쓱 후후.'

멋지게 다짐하지만, 몸이 지치면 다 소용없다.

어느 날 쌍둥이들 손을 잡고 길을 걷는데 둥이들이 좋아하는 자동차가 건너편에 있었다. 눈이 반짝한 한 녀석이 잡고 있던 내 손을 가볍게 빼고 튀어 나갔다. 내 손에 땀이 나서 미끄러진 것이다.

'진짜 썩을 다한증!'

속으로 그 짧은 순간에도 욕이 절로 나왔다. 어찌나 놀랐던지 정신을 차리고 잡으러 간다고 뛰다가 보도블록 돌부리에 걸려 철퍼덕 넘어졌다. 다행히 주차한 남편이 바로 내려 둥이들을 잡아줘서 큰 사고는 나지 않았다. 다만 내 무릎이 깨졌다. 아이들 위험할까 봐 너무 아찔해서 내 무릎이 까지고 피가 나는지도 몰랐다. 참 모성애 지극한 엄마인 듯 보이지만, 뒤돌아서면 나를 지치고 힘들게 하는 둥이들에게 인상 쓰고 소리 지르고 있다.

다중인격인가? 자주 극한 코너에 몰리다 보니 나의 본성이, 나의 바닥이 있는 그대로 너무 쉽게 드러난다. 나는 우아하지도 선하지도 않다. 쌍둥이 육아로 개고생을 하며 내 안에 사랑이 없음을 명확히 알게 되었다.

둥이들이 어린이집에 다니기 시작하고 확실히 숨통이 좀 트였다. 그런데 몸이 편해지니 그동안 간당간당 버텨주던 멘탈이 툭 끊어져

버렸다.

우울감과 무기력감이 지배하는 하루, 어쩌나 시간이 순식간에 사라지는지 스르륵 모래가 손가락 사이로 흘러 사라지듯 증발했다. 그간의 보상심리로 허리 아플 때까지 누워도 있어 보고 미드도 엄청나게 봤다. 책은 읽기 싫었다. 말씀은 더더욱 멀리했다. 쌍둥이 낳고 예배도 드리지 못한 지 오래였다. 너무 방전되었던 탓일까? 쉬어도 쉬어도 충전이 되질 않았다. 만성적 두통이 생기고 우울감은 점점 커져만 갔다. 너무도 어둡고 우울한 내면, 푹 쉬어도 맛있는 것을 먹어도, 그 어떤 것으로도 해결할 수 없었다.

Part 3

한 달 안에
통독을?!
미라클
감사일기

무기력의 늪에서
쾅!

시댁에 갈 때마다 미리 1층 주차장에 나와서 기다리시는 우리 아버님.

아파트 입구에 들어갈 때 아버님 얼굴이 보이면 괜히 코끝이 시큰하다. 영상통화야 자주 하지만 실제로 살 비비고 같이 밥 먹고 지내는 것과 비교할 수가 없다. 얼마나 손자들이 보고 싶으셨을까? 아이가 셋이다 보니 장거리 여행이 쉽지 않았다. 오랜만에 큰맘 먹고 시댁에 아이들과 다 같이 가서 일주일 정도 지냈다. 시댁에 가면 마냥 편할 수 없지만 그래도 뭔가 나는 항상 힘을 받는다. 그때는 한창 무기력에 허우적대던 시기여서 겉으로는 아무렇지 않은 척했지만, 심적으로 시부모님이 더욱 의지가 되었다. 늘 시댁에서 지내고 오면 할머니 할아버지 사랑을 듬뿍 받고 맛있는 집밥을 잘 챙겨 먹여 그런지 아이들이 조금 더 자란 느낌이다. 해드린 것보다 받는 사랑이 더 커서 항상 감사하고 죄송한 시댁 나들이다.

서울로 올라오던 고속도로 위, 천안쯤 왔을까? 아이들 밥 때라 차에서 간단히 먹이고 있었다. "끼익-" 갑자기 차가 멈추며 아이들 밥 먹이던 포크가 날아갔다.

남편에게 무언가 말하려는 찰라, "쿵!"

그렇게 급정거 구간에서 온 가족이 탄 우리 차를 다른 차가 미처 멈추지 못하고 뒤에서 세게 들이받았다. 차가 몇 바퀴 돌고 멈춘 것 같은데 어디선가 연기가 올라오고 있었다.

우리 딸은 카시트 채로 내 어깨 위 높이까지 올라와 있었다.

남편이 절규하며 괜찮냐고 물었는데 내 목소리가 나오지 않는다. 남편의 목소리가 들리고 정말 대답을 하고 싶은데 가슴이 턱 막혀서 바로 말이 나가지 않았다. 잠시 시간이 지나고 간신히 한마디 했다.

"괜찮아."

쌍둥이들은 놀라서 빽빽거리고 울고, 신발을 벗고 있었던 첫째는 운동화가 구겨진 바닥과 시트 사이에 끼어 양말만 신고 밖으로 나가야 했다. 한겨울이 아니었던 것이 다행이다.

그 정신없는 와중에 나는 어디가 아픈지도 모르고 일단 애들 간식과 우유, 기저귀가 든 가방부터 챙겼다. 아이들 밥 먹이는 중에 사고가 나서 여기저기 널브러진 것들 대충 수습하고 꼭 필요한 것만 챙겼다. 애들 짐을 구급차 탈 때 내가 들 수가 없어서 구급대원에게 몇 번을 확인하고 실었는지 모른다.

우리 차에서 기름이 새어 나오고 있었다. 화재로 이어질 수 있는 상황이라 얼른 대피해야 했다. 5명이 한 구급차에 탈 수 없어 구급차는 2대가 왔다. 아이들을 안으려고 했는데 왼쪽 팔에 힘이 들어가지 않았다. 남편과 가해 차량 차주가 둥이들을 안고 나가고 나는 오른팔로 짐을 억척스럽게 챙겨 나왔다. 그때 그 짐을 챙기지 않았으면 병원 응급실에서 정말 힘들었을 것 같다. 영상이 담긴 아이패드와 간식이 없었다면 우리 부부 돌아가며 검사하고 애들도 검사하며 시부모님이 응급실에 도착하시기까지 시간을 어떻게 견뎠을지 상상이 안 된다. 구급차가 오기까지 우리 식구들은 바람 부는 갓길에서 피난민처럼 서 있었다. 심지어 딸아이는 양말만 신은 채로 서 있어서 더 처량해 보였다.

　1차 병원에서 검사한 결과 다행히 남편과 아이들은 크게 다친 곳이 없었다. 내 왼쪽 팔에 힘이 들어가지 않았던 이유가 있었다. 왼쪽 어깨 견봉과 쇄골뼈 총 세 군데가 부러졌다. 1차 병원에서는 수술을 권했다.

　"쇄골뼈 골절 부위가 위로 솟을 수 있는 곳이어서 보통은 수술합니다. 어떻게 하시겠어요? 입원 하실 건가요?"

　"근거지가 서울이고 아이들이 어려서 천안에서 바로 입원을 할 수는 없을 것 같아요."

　"그럼 우선 진통제 주사랑 응급처치만 해드릴게요."

　남편이 아이들 보는 동안 나는 의뢰서를 발급받고 엑스레이 사진이 담긴 CD를 찾기 위해 응급실에서 나와 병원 1~2층을 오갔다. 가을 저녁 시간대라 꽤 쌀쌀했는데 반소매 티만 입고 다녀도 전혀 추운지 몰랐다. 너무 놀라고 얼이 빠져서 아픈지도 몰랐다.

우리를 배웅하고 집 정리하시던 시부모님은 갑자기 사고 소식을 듣고 부랴부랴 택시 타고 천안까지 달려오셨다. 콜밴을 부르고 두 분과 함께 아이들 챙겨 겨우 서울로 올라왔다. 다행히 올라오는 길에 전화로 다음 날 집 근처 대학병원 진료 예약을 했다. 그날 밤 어떻게 잠이 들었는지도 모르겠다. 아침에 일어나려고 보니 몸을 일으키는 것도 한참 걸렸는데 왼쪽 어깨 뒤쪽이 무척 쓰라렸다. 내가 누웠던 부분 침대 시트에 피가 배 있었다. 사고 당일에는 하도 정신이 없어서 어깨 뒤쪽으로 찰과상이 있었던 것도 몰랐다. 검정 티셔츠가 눌어붙고 상처 부위에 진물이 엄청 났다. 결국, 입고 있던 티셔츠는 가위로 찢어서 벗어야 했다. 꽤 시간이 지난 지금도 내 어깨 뒤쪽에는 그때 그 상처가 남아 있다. 의사 선생님은 정밀검사를 통해 수술과 보조기 중 어떤 것이 더 효과적일지 파악해보자 하셨다. 감사하게도 보통 정밀검사를 같이 받기가 힘든데 대기가 길었지만 같은 날 검사를 받고 결정을 할 수 있었다. 아이들 때문이라도 입원이 필수적인 수술은 피하고 싶었다. 다행히 수술로 인한 득보다 실이 많을 것으로 판단되어 최대한 움직이지 않고 보조기를 하고 생활하기로 결정됐다.

쌍둥이들도 대학병원 소아청소년과 진료를 봤다. 다행히 아이들은 카시트를 후방주시 형태로 하고 벨트를 단단히 해서 태웠었던지라 목 부분에 벨트 쏠린 자국 외에는 별다른 이상은 없었다. 그런데 선생님께서 둥이들은 사고로 인한 외상이 문제가 아니라 언어발달이 현저히 지연된 것으로 보인다고 하셨다. 그간 나는 둥이들 반응이 좀 느려도 아직 어려서 그러려니 했고 심각하게 생각해본 적이 없었다. 선생님은 3개월 정도 시간을 가지고 지켜봐도 큰 발전이 없다면 임상병리사와 따로 예약을 잡아 검사할 필요가 있다고 하셨다.

죄책감이 밀려왔다. 내가 무기력에 빠져 아이들과 상호작용을 잘 못 해줘서 이런 상황이 된 것만 같았다. 왜 그동안 몰랐을까? 결국, 3개월 뒤 선둥이 후둥이는 각각 날짜를 잡아 베일리 검사 등 언어발달 관련 다양한 검사를 받았다. 임상검사를 하면서 객관적으로 아이들 발달이 많이 늦은 것을 확인했고 다행히 둥이들이 검사받은 시기가 언어치료를 시작하면 효과를 볼 수 있는 연령대였다.

골든타임에 사고를 통해 발달지연을 발견해서 적절한 조치를 할 수 있게 하신 것이었다. 사고가 아니었다면 따로 대학병원 진료를 받을 일도 없었을 것이고, 설사 영유아 검진에서 또래보다 많이 부족하다고 나와도 대수롭지 않게 여겼을 것이다. 나는 원래도 아이들하고 잘 놀아주는 편이 아니었지만, 막상 어깨를 고정하고 움직일 수가 없는 상태가 되다 보니 입으로 놀아줄 수밖에 없었다. 나는 평상시에 아이들에게 말을 많이 하는 편이 아니었다. 어깨 골절 이후 몸으로 무리를 할 수 없으니 입으로 아이들의 행동을 읽어주고 예전보다 더 과장된 리액션을 해주기 시작했다. 처음에는 민망하기도 하고 어떻게 해야 할지 몰랐는데 둥이들이 언어치료를 받으면서 언어치료사 선생님을 통해 많이 배우게 하셨다.

사고 후 한 달간 차가 없었다. 첫째는 유치원 통학을 자차로 했었다. 유치원 라이드, 아이들 검사, 내 진료도 있어서 처음엔 보험사 렌트 차량을 쓰다가 예약제 택시, 공유 차량애플리케이션 등을 활용하고 남동생 찬스로 극복해 나갔다. 중고차를 구할 때는 아이가 셋이다 보니 고려할 수 있는 차종에 한계가 있었다. 이번 사고를 계기로 가능하면 3열에는 아이들을 앉히지 않고 2열에 셋이 다 앉을 수 있는 차를 찾게 되었다. 원하는 차는 잘 나오지 않았고 몇 번 매물이 올라와도 번번이 불발되었다. 차 없이 꾸역꾸역 한 달을 쉽지 않게 버텼는데 지방에 원하는 차가 떴다. 멀어도 한달음에 가서 거래할 판이었는데 차주분이 서울에 볼일이 있어 우리 집 주차장에서 거래하게 되었다. 심지어 차주분께서 고급휘발유로만 주유하며 깨끗하게 관리한 훌륭한 상태의 차라니! 정말 감사했다.

극적인 깨달음을 끊임없이 주시며 실제적 필요를 꼼꼼히 채워주신 하나님,

우리 하나님은 선하시다. 그런데 예상치 못한 고통스러운 일들이 우리 인생에 왕왕 발생한다. 왜 이런 가시밭길을 걷게 하실까?

이해할 수 없는 상황에서조차도 하나님의 의도가 선하심은 변함이 없다.

이 사실을 믿고 감사할 때 숨어 있는 은혜를 발견하게 하신다.

우리 인생에서 만나는 다양한 어려움은 나에게 벌을 주시거나 시험하시려는 덫이 아니다.

사랑으로 끊임없이 나를 부르시는 것이다.

하나님을 기억하고 돌아오라고, 당신과 함께하자고 초대하신다.

살려줘도
정신 못 차렸지

교통사고 후 2달가량 남편이 했던 개고생은 지금 생각해도 눈물이 난다. 본인도 허리랑 목이 아픈 상황에서 둥이들 돌보기, 첫째 등·하원, 내가 할 수 없었던 집안일에 여러 행정처리까지 도맡아 했다. 너무 안쓰럽고 미안했다.

처음 일주일간은 시부모님의 도움을 받았다. 사고 다음 날부터 둥이들을 남편과 시어머니가 한 명씩 맡아 겨우 등원을 시켰다. 쌍둥이 유모차는 차 트렁크에 실려 있었는데 사고가 나면서 차량 후면이 다 파손되고 찌그러져서 도저히 꺼낼 수가 없었다. 유모차가 배송 오기까지 며칠간 남편과 시어머니는 울며 버둥거리는 쌍둥이를 힘겹게 등원시켰다. 그래도 어린이집을 갈 수 있어 다행이었다. 나는 움직일 수도 없고 남편도 정상 컨디션이 아닌 상태에서 사고 후 처리해야 할 일들이 많았다. 남편의 고생이 이루 말할 수 없는 하루하루였다.

우리 부부는 사고를 계기로 서로 허심탄회하게 대화하고 보듬게 되었다. 알고 보니 사고가 나기 전 남편도 매너리즘이 왔었다. 우리 가족은 정말 죽다 살아났다. 남편과 나는 함께 울면서 앞으로 아이들 더 사랑하며 잘살아보자고 서로 격려하면서 다짐했다.

하지만 그 결심이 무색하게 나는 계속 우울했다. 보조기를 풀고 재활을 시작했는데 생각보다 팔도 안 올라가고 너무 쉽고 당연했던 일상적인 동작이 어이없게 안 돼서 답답하고 속상했다. 몸과 마음의 컨디션이 바닥을 쳤다. 내가 남편과 결혼한 후 가장 크게 표면적으로 힘들었던 경험이다. 교통사고는 정말 남의 이야기라고 생각했는데…… 차를 폐차할 정도로 큰 사고를 당한 것이다.

사고 후 파손된 우리 차를 남동생과 남편이 사진으로 찍어왔는데 후면이 심하게 망가진 처참한 모습에 소름 끼칠 정도로 아찔했다. 다시 봐도 사고의 심각성에 비해 남편과 아이들이 많이 다치지 않은 것은 정말 기적이었다. 시간이 지나면서 첫째 오른쪽 엄지손가락 쪽에 멍이 심해져서 다시 진료를 받고 입원해 MRI까지 찍어 미세 골절로 진단받았다. 하루하루 버거웠고 순간순간 예상치 못한 일들이 생겨서 더욱 고달팠다. 하지만 물리적 고통과 정신적 아픔이 컸던 이 환난의 시기에도 하나님의 섬세한 은혜를 곳곳에서 발견할 수 있었다.

왜 나를 가장 많이 다치게 하셨을까?

나는 다한증 때문에 운전을 못 한다. (겁이 많아 포기한 것도 있다) 만약에 남편이 나처럼 다치고 내가 멀쩡했다면 우리 가족의 일상은 바

92

로 멈췄을 것이다. 사고 후처리도 더디고 여러 가지 불편한 상황이 생겼을 것이다.

첫째는 조심성이 많고 말로 표현을 잘하며 인내심이 강한 아이다. 그랬기에 오른손의 통증이나 불편함에 관해 설명할 수 있었고 MRI 검사도 잘 버텨주어 한 번에 검사를 완료할 수 있었다. 그리고 우리 첫째는 왼손잡이다! 글씨나 그림 그릴 때는 왼손을 쓰고 밥 먹을 때만 오른손을 같이 쓰는데 왼손이 더 편한 아이였다. 미세 골절로 진단받은 뒤 엄지손가락에 지지대를 대고 붕대로 고정할 때 잠깐 속상함에 눈물을 보였지만, 유치원에서도 집에서도 손가락을 조심하며 큰 불편함 없이 잘 생활했다. 어린아이여서 다행히 금방 회복되었다.

이렇게 하나님은 큰 사고에서 우리를 살려주셨고 섬세한 은혜로 보살펴 주셨지만, 나는 여전히 정신 차리기 힘들었다.

코로나가 심각해졌다. 결국, 가정보육으로 아이들과 집에서 붙어만 지내는 시간이 늘어나면서 나름대로 최선을 다했지만 나는 방전의 방전을 거듭해 너무 지쳤다. 그나마 남편이 주기적으로 인적 드문 공원에 데리고 가거나 아이들과 드라이브시켜주어 숨통이 트였다. 그래도 내 안의 우울과 무기력감은 해결되지 않았다. 어깨 골절 이후 재활을 제대로 하지 못했고 몸 컨디션은 마음을 따라 점점 더 나빠졌다. 큰 사고에서 죽다 살아났음에도 어려운 시기를 은혜로 지나왔음에도 내 내면은 어두움이 가득했다.

'나는 왜 사는 거지? 무엇을 위해 사는 거지?'

내 마음이 어두움으로 가득 차 갈피를 못 잡던 그 시기, 여동생이 캐나다에서 나와 우리 가족을 위해 기도하고 있었다. 내가 많이 걱정되었단다. 그때는 동생의 심정을 몰랐다. 얼마 전 카톡 메시지로 서로의 일상을 나누다 그 시기 이야기가 나왔다.

"사실 언니를 만나고 오고, 코로나로 움직일 수 없는 시기를 보내면서 정말로 마음이 많이 쓰였어. 내가 다시 한국에 갈 수도 없고……. 뭐 내가 뭐라고, 근데 그냥 언니의 무너져 있는 마음의 터에 잡초라도 뽑아주고 돌이라도 좀 치워주는 그런……."

마음속에서 뜨거운 눈물이 흘렀다. 나야말로 내가 뭐라고 여동생이 이렇게 마음을 쓰며 기도하게 하셨을까?

기도로 늘 나와 동역해주시는 외숙모도 나를 위해 기도하며 내면의 힘듦을 느끼셨던 것 같다. 내가 한참 헤매던 그 시기, 캐나다에 있는 여동생에게 언니를 더 챙기라고 따로 말씀하셨을 정도니……. 내가 많이 심각한 상태였음은 분명하다. 어디서부터 어떻게 돌파구를 찾아야 할지 몰라 식단도 해보고(무려 내가 사랑하는 밀가루도 멀리했었다!) 도수치료도 받아봤다. 잠시 효과를 느낄 수 있었지만 뭔가 근원적인 해결이 되지 않았다.

나의 버거운 현실 가운데 살려고 쥐어 짜낸 노력도, 주변 사람들의 도움도 내 안의 근본적 어둠을 해결해 주지는 못했다. 나는 우울하고 무기력한데 제대로 사람답게 살고 싶다는 마음의 갈증이 느껴졌다. 나는 어떻게 해야 할까?

　출구가 없는 어두운 터널을 걷는 기분, 아이 셋이 있어 그나마 일상을 꾸역꾸역 살았고 중보기도 덕에 버틴 것 같다. 그렇게 버티기 급급하던 어느 날, 끝이 없을 것 같은 깜깜한 터널에 희미한 밝은 빛 한 줄기가 보였다. 빛 되신 주님이 내 안에서 일하기 시작하신 것이다!

마흔,
최고의 생일선물이냐

2020년 11월 29일, 나의 마흔 살 생일! 나이 앞자리가 바뀌는 생일임에도 사실 크게 감흥은 없었다. 그만큼 무기력의 늪에 깊게 잠겨 있기도 했고, 둥이들과 한바탕하며 감정적으로 최악인 하루를 보냈다. 스스로에 대한 실망과 징글징글한 아이들을 향해 치솟는 분노가 가득한 일상이 반복되고 있었다. 결국, 생일날 나는 도끼눈을 뜨고 유치하게 빽 소리를 지르고 말았다.

"그래, 엄마 생일에 아~아주 좋은 선물 준다, 그치?!"

3살 비글 쌍둥이들을 향한 뉘앙스가 꼬일 대로 꼬인 40살 엄마의 절규였다. 그때 아이들은 내 말을 알아들었을까? 자려고 누웠는데 너무 비참했다. 마흔 살 생일에 나는 뭘 한 거니. 아이들에게 미안한 마음이 컸다. 내 내면의 문제인데 둥이들을 잡은 것 같아 자괴감이 몰려왔다. 간만에 책을 보려고 독서 앱을 켜고 읽는 둥 마는 둥 하는데 나도 모르게 눈물이 흘렀다. 마음속에서 오래간만에 뜨거운 무언가가 올라왔다.

'이제는 더 이렇게 살 순 없어! 뭐라도 해야 해.'

육아를 시작한 지 7년 만에 처음으로 인터넷 맘카페에 가입했다. 일반적인 육아 정보를 나누는 카페가 아니었다. 애 셋 키우면서도 정보의 홍수가 싫어 카페 활동, SNS를 일절 하지 않았던 나였다. (게으름과 귀차니즘도 한몫했다) 정말 궁금한 건 키워드로 검색해서 관련 글을 참고하는 정도일 뿐이었다. 그러던 내가 온라인 카페 가입을 하다니! 엄마들이 자신을 위해 공부하고 책 읽고 운동하는 카페였기 때문이다. 그리고 바로 12월 1일부터 활동을 시작했다. 12월 한 달 동안 미라클 모닝 인증을 20일 이상하며 글을 썼다. 아침 기상 시간, 기상후 첫 생각, 내가 몸과 마음을 돌보기 위해 정한 아침 루틴 실천내용, 오늘의 감사와 결심 등을 정리해서 올렸다. 쌍둥이 출산 후 근 3년을 은둔형 외톨이처럼 폐쇄적으로 살았었다. 무언가 나에 대해 가족이 아닌 타인에게 이야기하는 것이 너무 오랜만이었다. 그동안 참 외로웠나 보다. 그냥 신이 났다. 아이들 동요만 틀어주던 음원 앱으로 내가 좋아했던 팝송을 몇 년 만에 다시 들었는데 감회가 새로웠다.

'이렇게 쉽고 간단한 거였는데 왜 그동안 나는 시도 하지 않았을까?'

마음이 재충전되는 기분이었다. 온라인 카페에 내 이야기를 올리는 활동은 하나님이 선물로 주신 '나를 오픈하는 훈련'이었다. 조금 숨통이 트였다. 육아하며 겪는 감정적, 물리적 어려움은 나만의 문제가 아니었다. 그곳에 모인 엄마들은 서로 깊이 공감하고 댓글로 응원해주었다. 나를 아무도 모르고 나도 상대방을 모르는 익명의 공간, 하지만 따뜻한 마음으로 서로를 격려하고 보듬어주니 용기를 얻었다. 그렇게 어두컴컴하기만 했던 길고 긴 터널에 희미하지만 조금씩 희망의 빛이 새어 들어오고 있었다.

2020년 12월의 마지막 날, 새로운 해에 하고 싶은 일이 아무것도 없었다. 그나마 성경통독 하나 생각해냈다. 사실 성경통독은 대학생 때부터 심심하면(?) 새로운 해 도전과제 중 하나였다. 그러나 단 한 번도 끝까지 해본 적이 없다. 곰곰이 생각해보니 1년 동안으로 기간을 길게 잡아서 하다가 어느 순간 나가떨어져 포기하곤 했다. 그런데 이번에는 일 년이 아니라 한 달 만에 해보면 어떨까? 하는 생각을 주셨다. 12월 31일 밤 아이들 재우고 옆에 누워 스마트폰으로 '성경 한 달 통독'을 검색했다. 그러다 우연히(사실 주님의 빅픽처에 우연은 없다. 은 혜만 있을 뿐^^) 한 작가님이 개인 블로그에 올린 '성경 한 달 읽기 단톡방' 멤버를 모집하는 공지를 보게 되었다. 어떻게 이렇게 딱 맞춘 것처럼 바로 검색되어 나왔을까?

'정말 모르는 사람에게 연락해도 될까? 이상한 사이비 단체는 아니겠지?'

워낙 흉흉한 세상이다 보니 의심의 눈초리로 처음에는 경계심을 갖고 공지를 꼼꼼히 살펴봤다. '원래 알던 분도 아니고 생전 처음 우연히 방문한 블로그의 주인장. 얼굴도 모르는데……'

고심 끝에 지금도 참여할 수 있는지 문의하는 댓글을 달았다. 그런데 답글이 바로 달리지 않았다. '아, 인연이 안 되려나 보다.' 생각하고 그냥 2021년 1월 1일부터 혼자 읽기 시작했다. 그렇게 주님은 우울과 무기력감이 가득한 내 마음의 댐 벽을 조금씩 허물기 시작하셨다.

"투두둑"

마음속 댐 벽에 금이 가기 시작했다.

3일 뒤 답글이 달렸고 나는 성경 한 달 읽기 단톡방 멤버가 되었다. 시작할 때 마음속으로 한 달 안에 통독하면 좋겠다고 바라면서도 실망하기 싫어서 '하루 3장 읽기'를 최소치로 정했다. 그러다 단톡방에서 추천받은 성경 읽기 방법에 대한 유튜브 동영상을 보고 도전받아 '하루 10장 읽기'로 최소치를 수정했다. 수정계획을 단톡방에 공유하고 화장실에 앉아 있는데 뜬금없이 단톡방 만드신 작가님에게서 전화가 왔다.

"열심히 해주셔서 감사하고 마음속에 감동이 있어서 전화했어요."

"네?! 제가 한 것 별로 없는데요 하하. 좋은 영상추천 감사합니다."

"한번 독하게 맘먹고 더 가열차게 읽어보면 어떻겠어요?"

"음……. 네 한번 달려보겠습니다!"

작가님의 제안과 격려를 통해 하나님은 내가 슬금슬금 욕심만 냈던 한 달 통독을 이제 확실한 목표로 자리 잡게 하셨다.

"투둑투두둑 쫙!"

마음속 댐 벽이 갈라지는 소리가 들렸다. 하루하루가 무기력감에 쩔어 너무도 버거웠던 나인데 말씀을 읽는다는 것이 신기했다. 무언가 하고 싶다는 생각이 올라오는 것, 명확한 목표를 향해 달리는 것이 참으로 오랜만이다. 본격적으로 말씀을 때려 붓듯 읽어가면서 결국 검은 물 가득했던 내 마음속 댐이 터져 시원하게 비워졌다.

내가 살아온 40년 인생 곳곳에 하나님의 은혜와 중보기도 응답의 역사가 있다. 늘 느끼지만, 주님은 참 인격적이시다. 나의 내면이 어둠 속에서 헤매며 죽어가고 있을 때, 하나님은 마음속 작은 신음을 듣고 내 안에서 일하신다. 전혀 상상도 하지 못했던 온라인 카페 활동을 통해 꽁꽁 잠가둔 내 마음의 빗장을 열어 주셨다. 내가 폐쇄적인 삶에서 빠져나올 수 있도록 연습시켜 주셨다. 그리고 자연스럽게 순차적으로 말씀 앞으로 나아가게 하셨다.

하루 3장에서 10장을 목표로, 심지어 한 달 통독이라니! 그렇게 하나님은 말씀으로 내 생명을 살리시기 시작했다. 혼자 감당하기 힘든 삶의 무게와 내면의 문제들로 버겁게 눌려서 고통받지 말고, 사랑이 풍성한 말씀이신 예수님께 나아와 쉼을 얻으라고 초대해 주셨다.

20년 만에
약속 지키기

대학 입학이 결정되고 엄마와 당시 출석하던 교회 지하 기도실에 갔다. 감사기도를 올려드리고 주님께 말씀 통독하겠다고 약속했다. 이후로 항상 성경통독은 내 마음 한구석에 짐처럼 남아 있었다. 매해 다짐을 하고 계획을 세우지만, 끝까지 완주하지 못했던 목표였다. 구약 초입에서 뱅뱅 돌다가 덮어버리기를 수차례, 육아를 시작하고는 통독 계획조차 세우지 않았다. 마음 한편에 처박힌 주님과의 약속은 그렇게 먼지만 뽀얗게 쌓여 갔다.

그런데 하나님이 20년 만에 그 약속을 지키게 하셨다. 그것도 4주 만에 말이다!!!

2021년 1월 한 달간 통독을 목표로 성경을 읽게 하신 주님의 큰 그림은 '나를 살리는 것'이었다. 우울과 무기력의 늪에 빠져 죽을까 봐 말씀으로 살리시기로 작정하셨다. 정말 주님이 이끄셨다고 고백할 수밖에 없는 결정적인 증거는 말씀이 읽힌다는 사실이었다.

큰맘 먹고 통독을 시작해도 막상 읽다 보면 어느 순간 머리가 멍해지면서 하얀 것은 종이고 까만 것은 글씨인가 하게 된다. 당최 무슨 말인지 와닿지 않는 구절도 많고 왜 내가 이 족보를 읽어야 하지 싶다. 그러다 보니 구약 초입에서 포기하기 쉬웠다. 그런데 이번에는 정말 달랐다. 말씀이 읽어지고 마음에 남는 것이 아닌가? 이스라엘 민족의 족보를 읽는데 그동안 단 한 번도 관심이 가지 않았던 이름 가운데 눈에 띄는 이름들도 찾아지게 하시고 기억나게 하셨다. 심지어 성소에 대한 규례와 번제의 방법 등 어렵기만 했던 부분을 읽을 때는 마음에 잔잔한 감동이 일었다. 이 부분에서 내가 감동할 줄은 상상도 못 했다.

'와, 진짜 TMI(Too Much Information)도 이런 TMI가 없다 싶게 엄청 세세하게 하나님이 다 친히 알려주셨구나!'

나는 구약은 딱딱하고 율법을 지켜야 한다는 무게감이 느껴진다고 생각했다. 그런데 이번에는 구약에서 전혀 다른 것을 느끼게 하셨다. 바로 하나님의 사랑! 구약에서 사랑의 메시지를 많이 발견케 하셨다. 나는 아이를 셋이나 키우지만 원래 아이들을 좋아하는 사람이 아니다. 자기중심적이고 내 몸이 가장 귀한 이기적인 사람이기에 나를 귀찮게 하는 것은 질색이다.

당연히 아이가 생기기 전까지 아이라는 존재에 아예 관심이 없었다. 임신했다고 바로 모성애가 생기는 게 아니라는 것을 경험하며 깨달았다. 살 비비고 살면서 정이 들고 키워가며 점점 더 마음이 깊어져 간다는 것을 배웠다.

정이 들 만큼 들었음에도 때때로 너무나 차갑게 아이들을 대하는 나를 보면서 정말 내 안에 사랑이 없음에 실망도 많이 했다. 그리고 왜 이렇게 사랑이 없는 나에게 자녀를 3명이나 주셨을까 궁금하기도 했다. 세 명의 자녀를 주셔서 키우는 동안 마음과 몸이 아주 힘들었다. 귀엽고 예쁜 짓 할 때 순간순간의 기쁨도 있었지만, 의무감으로 견디는 부분이 컸다. 자책하고 회피하고 싶은 것도 많았다. 실제로 많은 날을 책임감으로 버틴 나에게는 엄마 역할이 세상 그 어떤 일보다 버겁고 힘들었다.

그런데 말씀 통독을 하며 아이들과 더 자주 눈 맞추고 웃고 안아주게 하셨다. 정말 놀라운 일이 아닐 수 없었다. 가만히 아이들을 쳐다보는데 가슴 속 깊은 곳에서 기쁨이 올라오다니! 2021년 1월 1일 올해의 말씀으로 2가지를 뽑게 하셨는데 그중 두 번째 말씀이 요한 1서 4장 12절이었다.

"어느 때나 하나님을 본 사람이 없으되 만일 우리가 서로 사랑하면 하나님이 우리 안에 거하시고 그의 사랑이 우리 안에 온전히 이루어지느니라"

이 말씀을 시작으로 통독 중 사랑에 대해 강조하신 말씀들이 내 마음에 남아 힘이 나게 하셨다. 나는 아들 쌍둥이를 키우며 분노조절 장애에 가까운 빈도 높은 소리 지르기, 욱하고 올라오는 부정적 감정으로 너무나 괴로웠다. 성경통독 초반, 분노에 대한 말씀이 유독 자주 눈에 띄게 하셨다. 그 과정에서 그간 내가 겪었던 분노라는 감정의 바탕에는 '내가 컨트롤 할 수 없다는 것에서 비롯된 불안'과 '통제하고 싶은 강박'이 있었음을 깨닫고 고백하게 하셨다.

나는 기본적으로 타인의 시선을 많이 의식하고 성과나 결과가 빨리 나오길 바라는 급한 마음을 가지고 있다. 또한, 내가 생각한 대로 안 되면 마음이 몹시 불편하고 화가 나는 강박적인 성향도 강하다.

코로나 이후 인터넷으로 식자재를 자주 구매했다. 상태가 엉망이면 환불받거나 컴플레인을 했었다. 이용한 서비스가 내 상식(내 높은 기준)에 맞지 않으면 전화나 상담 게시판을 통해 상세하게 이야기하는 편이었다. 그런데 이러한 과정이 내 심령에 유익하지 않고 불필요한 분노로 이어짐을 깨닫게 하시고 멈추게 하셨다. 그리고 평안을 얻게 하셨다. 그동안 머리로 알고 있었던 '말씀 묵상이 나를 죄에 빠지는 것에서 지켜 주신다'는 것을 체감한 것이다. 나는 아이들에게 너무도 쉽게 표정과 말투, 행동으로 부정적 감정을 표출했다. 그런 나에게 2021년 올해의 말씀으로 주신 첫 번째 말씀은 바로 잠언 4장 23절이었다.

"모든 지킬 만한 것 중에 더욱 네 마음을 지키라 생명의 근원이 이에서 남이니라"

2021년의 첫날, 나는 정말 소름이 돋았다. 어쩜 이렇게 하나님은 나에게 딱 필요한 말씀을 보여주셨을까? 꽤 긴 기간 끊임없이 나를 괴롭혀온 우울과 무기력감을 하나님은 새해 첫날 뽑았던 올해의 말씀들을 시작으로 통독을 통해 싹 다 녹여버리시고 내면의 평안을 회복시켜주셨다.

4주간 성경통독을 하면서 물리적으로 좋은 일도 선물로 많이 주셨다. 하지만 그 무엇보다 일상에서 180도 변한 나의 반응과 현격히 개선된 삶의 질은 정말 할렐루야를 외칠 수밖에 없다. 육아 스트레스와 피로감이 극에 달했던 내가 아이들과 함께하는 쉽지 않은 일상에서 소소한 즐거움을 발견하고 웃게 하셨다. 아이들은 어느 순간 내가 말씀을 사모한다는 것을 인식하게 되었다. 첫째는 자기가 소중하게 여기는 책이 없어졌다며 나에게 말했다.

"엄마가 만약에 엄마 성경책이 없어졌다면 어떻겠어요? 엄청 속상하겠죠? 제가 지금 그렇다고요."

통독 동안 내가 성경책을 펴면 후둥이는 꼭 내 무릎에 앉아 자기 책처럼 탐을 냈다. 이에서 그치지 않고 정말 상상도 못 했던 일이 일어났다. 주일 아침 아이들과 독서 모임을 하게 된 것이다! 나는 평일도 쉽지 않았지만, 아이들과 내리 붙어 있는 주말은 더욱 빡세고 부

105

담스러웠다. 늘 피곤함에 쩔어 오늘 하루 어떻게 버티나 했던 무기력한 나에게 기적이 일어난 것이다.

비록 짧은 시간이었지만 나는 성경을 읽으려 노력했고 (사실 둥이들 챙긴다고 한 장 읽기도 어려웠다) 첫째는 하브루타 그림 성경을 읽으며 궁금한 점을 묻기도 했다. 실로 놀라운 변화였다! 하나님은 이렇게 20년 만에 약속을 지키게 하셨고 결국, 이를 통해 일상 속에 죽어가던 나를 살리셨다.

벼락치기의 기술

나는 벼락치기의 달인이다!

중 · 고등학교 6년간 매 학기 중간 · 기말고사, 독하게 맘먹고 공부만 했던 고3 수험생활, 약 10년간의 대학 및 대학원 석사에 박사수료까지 벼락치기로 버텨온 가방끈의 역사다. 15년 이상 내공을 쌓으며 익힌 비법을 성경통독에 쓰게 될 줄은 몰랐다. 역시 버릴 것이 없게 하신다. 대학교 1학년부터 20년간 지키지 못했던 약속을 2021년 1월 단 4주 만에 해결하게 하신 벼락치기 꿀팁! 지금부터 공개한다.

1) 도구를 활용하라.

정말 좋은 세상이다. 성경을 읽을 수 있는 애플리케이션이 그것도 무료로 이용할 수 있는 것이 많다! 시간을 절약해줄 수 있는 최고의 무기다. 꼭 종이책으로 앉아서 읽을 필요 없다. 내가 할 수 있는 모든 방법을 동원해서 통독을 지속하는 것이 중요하다. 고3 수험생 시절에는 화장실 가고 밥 먹는 기본적으로 꼭 해야 하는 일을 할 때도 자투리 공부를 했었다. 영어 듣기 연습을 할 때도 있었고 조그만 오답 노트나 단어장을 주머니에 넣고 다니며 암기했다. 그때 그 절박한 심정으로 모바일 애플리케이션을 활용해 설거지하면서도 듣고 등·하원 길 혼자 걸어갈 때마다 늘 들었다. 둥이들은 내가 옆에 있어야 잔다. 그래서 아이들 옆에 누워 아이들 잠들면 에어팟을 끼고 듣거나 모바일 애플리케이션 성경을 열어 눈으로 읽었다. 졸려서 잠이 오면 오디오 드라마 형식으로 된 애플리케이션을 활용했다. 아이들과 같이 잠들면 새벽에 일찍 눈이 떠진다. 새벽 4시에 눈이 떠져서 오디오 드라마 성경 앱으로 룻기를 들었다. 배우 엄지원 씨가 연기하는 룻에 몰입했다. 아름다운 영화 한 편을 본 것처럼 잔잔하고 따뜻한 감동이 느껴졌던 그 순간이 아직도 생생하다.

2) 완벽할 필요 없다.

대학원 종합시험은 코스워크 4학기 혹은 5학기 동안 배운 모든 내용을 말 그대로 종합해서 보는 시험이다. 공부할 양이 워낙 많다 보니 세세한 것에 집착하면 아예 진도를 뺄 수가 없다. 그래서 시시콜콜한 내용까지 다 암기하거나 이해하지 못해도 먼저 굵직굵직한 핵심 포인트를 중심으로 보면서 전체적으로 싹 훑어봤다. 그리고 다시 처음으로 돌아가 정말 중요한 부분들만 세세하게 암기했다. 성경통독은 암기까지는 하지 않아도 돼서 얼마나 다행이었던지······. 통독을 할 때 잠시 완벽주의는 버리자. 꼼꼼히 머리 싸매어 읽어도 어차피 다음 장으로 넘어가면 앞에 내용이 잘 기억나지 않는다! 나만 그럴까? 예전의 나는 한 줄 한 줄 집착하듯 읽어도 결국 앞에 읽었던 것은 돌아서면 깜빡해서 같은 장에서 맴돈 적도 많았다. 그래서 이번에는 이해가 되든 되지 않든 무조건 직진! 족보나 규례 같은 부분은 일단은 쓱쓱 넘어가자. 전체를 보면서 계속 읽어나가다 보면 어느 순간 마음에 남는 부분이 있는데 그 부분은 좀 더 자세히 읽었다. 일단 각각의 아름답고 소중한 나무를 찬찬히 살펴보기 전에 숲 전체를 감상하고 시작하는 것이 어떨까?

3) 최대한 빨리 집중해서 읽어버린다.

물 들어올 때 노 저으라고, 의지가 충만할 때 이 악물고 해치워버려야 한다.

벼락치기의 핵심이 무엇인가? 바로 스피드.

중고등학교 때 나는 시험 전날 밤을 새운 적이 없다. 잠을 자야 컨디션이 좋고, 컨디션이 좋아야 찍어서라도 한 문제를 더 맞힐 수 있었기 때문이다. 여기서 찍는 것의 핵심은 세세한 것을 다 알아서가 아니라, 전체적 맥락과 감을 유지한 상태이기에 정답에 가까운 것을 고를 수 있다는 점이다. 이 찍기에 능한 전체적 맥락의 감은 빨리 전체 내용을 파악하고 컨디션을 좋게 유지해 감이 살아 있을 때 가능하다. 물론, 객관식 문항에 한정된다는 안타까움이 있지만 그래도 같은 시간 투자해 몇 문제라도 찍어서 더 맞춘다면 그것이 어딘가? 성경 통독을 4주간 할 때는 우선순위를 통독에 두고 집안일도 잠시 내려놓고 정말 필수적인 것만 했다. 늘어지면 중간에 쉽게 포기하니까 바짝 전체를 빠르게 훑어 내려간다는 전략으로 앞으로만 나아간다.

4) 한 번에 많이 쭉쭉 읽는다.

처음에 통독을 시작할 때는 하루 3장이 목표였다. 물론 자세히 깊이 묵상하며 읽는 것도 소중한 방법이다. 하지만 그건 큐티 시간에 필요한 전략이고 나는 통독 전사다! 그것도 한 달 안에 끝장을 봐야 하는 절박한 투사다. 이때 필요한 건 '한 번에 많이 읽기' 전략이다. 그리고 한 번에 많이 읽으면 오히려 맥락이 쉽게 파악돼서 스피드가 더 올라가는 장점이 있다. 세세한 것이 기억이 나지 않더라도 스토리를 따라갈 수 있으며 계속해서 나아갈 수 있는 동기부여가 된다. 그래서 나는 하루 3장 목표에서 하루 10장을 최소치 목표로 수정했다. 그리고 실제로 4주간 하루에 10장이 무엇인가? 세기 힘들 정도로 많은 양을 해치우게 하셨다. 20년 동안 영혼이 쫄쫄 굶었던 것처럼 허겁지겁 때려 붓듯 많이 읽고 들으며 평안을 채우게 하셨다.

5) 닥치는 대로 절실히 사력을 다한다.

나는 4주간 정말 화장실 가는 3분도 허투루 쓰지 않고 에어팟을 끼고 성경 말씀을 들었다. 아이들과 있으면 말씀을 듣거나 읽기 어려워서 아이들 등원 후 혼자 있는 시간을 최대한 알차게 보내려 애썼다. 설거지할 때, 빨래 갤 때, 걸으며 이동할 때, 집중이 안 되면 영어 성경으로도 듣고 졸리면 드라마 형식으로 된 음원으로 듣고 진짜 온갖 방법을 동원했다. 간절하게 매달리면 정말 주님이 도와주신다. 심지어 영어 성경은 NIV 버전 1.25배속으로 들었다. 그런데 세세하게는 아니어도 이해가 되고 뉘앙스를 느껴 깨닫게 하셨다. 나는 한국에서만 살았고 영어를 특출나게 잘하는 사람이 아니다. 영어로도 이해되게 하셨으니 말 다 했다. 정말 소름 돋는 경험이었다. 마음을 다해 말씀을 사모하고 온 힘을 다해 몸부림치며 나아갈 때 성령께서 지혜와 방법을 주시고 도와주심을 여실히 깨달았다.

앞으로도 매년 1월은 성경통독으로 시작하고 싶다. 매년 1독을 한다면, 나를 언제까지 살게 하실지 몰라도 만 40에 시작했으니까 평균 80세까지 산다면 평생 40번을 읽게 되는 것일까? 내 인생의 주인 되신 주님의 말씀인데, 말씀이 예수님이라고 하셨으니 그 나라 가기까지 최소 100번은 읽고 싶다. 그러면 일 년에 2~3독을 해야 하나? 할 수 있을까? 마음으로 간절히 사모하면 이 또한 방법을 주시리라 믿는다.

왜 이제야 알았을까? 이제라도 죽기 전에 통독하게 하신 은혜에 감사하다. 하루하루 살아갈 영적 에너지 공급원인 말씀을 일상 속에서 더욱 사모하게 하심을 찬양한다.

빚 갚고 더블로

나는 장기기억력이 나쁜 사람이다. 학창시절 수차례의 벼락치기 훈련을 통해 단기기억력은 매우 좋았지만, 초등학교 때 일은 하나도 기억이 나지 않는다. 역시나 시험이 끝나면 공부했던 내용은 내 머릿속에서 다 휘발되었다. 그래서 고등학교 때 제2외국어였던 독어 시험을 꽤 잘 봤는데 지금은 단어 하나도 기억하지 못한다.

이런 나에게 하나님은 성경통독을 하면서 과거의 회개할 것들을 떠오르게 하셨다. 심지어 10년 전에 했던 잘못을 떠오르게 하시고 용서를 구할 분에게 직접 연락해 관계가 회복되게 하셨다. 10년 동안 잊고 있었고 연락조차 끊겼던 분이었는데 갑자기 내가 연락했을 때 얼마나 황당하셨을까? 죄송한 마음이 커서 울면서 용서를 구했다. 그분은 반갑게 맞아주시고 흔쾌히 용서해주셨을 뿐만 아니라 너무도 쿨하게 축복의 말까지 해주셨다.

"은혜 씨, 그간 잘 살았으면 그것으로 됐어요. 앞으로 건강하게 더 잘 살면 되고요."

성경통독을 하면서 우리 가정의 가장 큰 변화는 주일 예배가 회복되었단 것이다. 코로나 여파로 대면 예배가 어려워졌다. 아이들은 주일에 일어나면 온라인 예배를 매주 시간 맞춰 드리게 되었다. 아침에 일어나면 둥이들이 먼저 내 노트북을 보면서 서툰 발음으로 "하나밈 볼까요? 예슈님이야." 하고 말하는데 귀엽고, 뭉클했다.

나는 출산 이후 성인 예배를 드리기가 힘들었는데 통독 동안 성인 예배 말씀과 특별 새벽기도 말씀을 설거지하며 날짜에 맞춰 들을 수 있게 하셨다. 매번 말씀을 통해 깨달음과 적용할 바를 알게 하셨다. 더불어, 어느 순간 찬양이 멈췄었는데 입술의 찬양이 회복되게 하셨다.

자장가로 듣고 자란 370장 찬양 〈주안에 있는 나에게〉, 〈부흥 2000〉, 〈나의 가장 낮은 마음〉, 〈오직 주만이〉 등을 흥얼거리며 내 영혼도 주님께 기쁨으로 올려드렸다. 레슬링을 방불케 하는 둥이들 재우기는 나에게 참 큰 스트레스 중 하나다. 그런데 찬양이 회복되고 말씀으로 마음을 다스려주신 덕에 아이들 재울 때 이전처럼 전투적으로 견디지 않게 되었다. 내가 듣고 자란 자장가를 10번 반복하여 읊조리며 이전과는 180도 다른 평안하고 축복하는 마음으로 재우게 되었다. 찬양뿐만 아니라 말씀을 읽어가며 심령이 애통해하는 기도하게 하셨다. 일면식도 없는 분을 위한 중보기도를 할 때, 변비로 고통 받는 선둥이를 위해 기도할 때, 오래전 잘못을 회개할 때. 정말 오랜만에 절절히 기도하게 하셨다.

선둥이의 참는 변비는 나의 아킬레스건이다. 변명이 되지 않지만, 그간 내가 지쳐서 화장실에서 아이를 씻기고 변기에 앉히려 노력할 때 얼마나 사랑 없이 대했고 그것이 아이에게 두려움으로 남게 하였는지 깨닫게 하셨다. 잘못됨을 깨닫고 이전부터 안아주고 부드럽게 대했었지만 한 번 더 명확하게 느끼게 하셨다. 나의 잘못을 회개하고 선둥이에게 주신 2021년 올해의 말씀 에스겔 37장 5절을 붙잡고 기도하게 하셨다.

> "주 여호와께서 이 뼈들에게 말씀하시기를 내가 생기를 너희에게 들어가게 하리니 너희가 살아나리라"

참는 변비의 고통은 아이가 가장 크겠지만 부모도 정말 마음이 무너지는 일이다. 1년 반 이상 고생하고 있는 우리 선둥이가 참 안쓰러웠다. 엄마로서 나도 뒤처리하고 여러 가지 방법을 강구하며 실패하기를 반복하면서 스트레스가 어마어마했다. 이 책을 퇴고할 때 둥이들이 돌아가며 아프고 어려운 일들이 많았다. 그중에 내 멘탈이 한방에 나가 넋을 놓게 한 결정적인 일은 선둥이 변비였다. 아, 도대체 끝이 있긴 한 걸까? 우리 선둥이 내장기관은 괜찮을까? 이렇게 길게 힘들어하는데 배변훈련은 마무리할 수 있을까? 그럼 우리 선둥이 단체 생활은 어떻게 하지? 친구들이 놀리거나 자존감이 떨어지면 어떻게 하지?

내가 쾌변을 한 날마다 나는 항상 이렇게 기도했다.

"선둥이에게도 동일한 쾌변의 은혜를 주실 것 믿고 감사합니다."

그런데 퇴고 막바지 선둥이 변비에 쌓였던 분노가 터져 정신 놓았던 그날 저녁, 정말 거짓말처럼 선둥이가 변기에 응가를 했다! 그날도 나는 다리를 꼬꼬 사력을 다해 응가를 참는 선둥이를 붙들고 억지로 쭈그리고 앉게 해서 똥이 약간씩 밀려 나온 것을 욕실에서 물로 닦이기를 반복하다 허리가 아파 지친 상태였다. 선둥이 똥구멍 주변 피부가 또 해지고 있었다. 선둥이를 닦이고 다리에 로션을 발라주면서 배도 한참 문질러주었다. 다시 옷을 입히려는데 또 포즈가 요상(?)해지길래 변기에 앉아보자 꼬셨다. 정말 기대 없이 앉혔을 뿐인데 바나나 응가를 무려 두 덩이나 한 것이다! 폭풍 칭찬받은 선둥이가 다음 날 아침 밥 먹다 또 참으려는 자세를 취했다.

"응가 마려워요."

"그럼, 우리 어제 멋지게 성공했는데 한 번 더 변기에 가볼까? 엄마가 어제처럼 초록 변기(변기에 얹어서 쓰는 푹신한 유아용 변기)로 변신시켜줄게. 출동해볼까?"

활기차게 이야기하면서도 나는 기대하지 않았다. 그냥 똥을 조금

묻혀도 시도 자체를 칭찬해주리라 마음먹고 선둥이를 변기에 앉혔다. 이것도 바로 가지 않아 몇 번 달래서 앉혔다.

앉힌 지 30초 되었나? 다리를 쭉 펴면서 힘을 준다. 이 녀석 변기에서도 또 참는 건가?

"참으면 안 돼, 밀어내 응가야 나가 해야지~."

"응가 했어요."

"응? 진짜??"

이게 웬일인가? 정말 어제보다 더 큰 바나나 응가를 30초 만에 두 덩이나 한 것이다. 믿기지 않아 어안이 벙벙했다. 두 눈으로 확인하고 너무 기뻐서 기념사진 촬영까지 했다.

선둥이가 엄청 당당하게 나에게 자랑했다.

"변기가 응가 잘 먹지요? 나 바나나 응가 많이 했지요? 잘 가~ 응가야!"

똥 싸는 것이 뭐라고, 나는 정말 변기 붙잡고 오열할 뻔했다. 할렐루야!

하나님은 말씀으로 나의 내면을 만지시며 널뛰는 감정을 다스려주셨다. 통독하면서도 여전히 죄성 가득한 모습으로 아이들에게 버럭버럭하는 나에게 실망하여 마음이 무겁고 회의감이 들 때도 많았다. 하지만 그럴 때도 말씀을 꾸역꾸역 읽기 시작하면 주님께서 상한 마음을 만져주시고 고쳐주시는 것을 매번 경험했다. 말씀이 내 마음의 백신이자 치료제다!

따따블의 은혜

하나님은 통독을 통해 내면의 변화뿐만 아니라 물리적으로 많은 선물을 주셨다.

2021년 초등학생이 된 첫째 아이 예비 소집일, 나는 재원서류 지참 시 한 사람만 방문이 가능해서 혼자 가려 했다. 그런데 아이와 함께 가게 하셨고 짧은 시간의 방문이었지만 아이가 "얼른 등교하고 싶어요!" 할 정도로 학교에 애정을 갖게 하셨다. 학교 안에는 구에서 직영으로 운영하는 돌봄 교실이 있다. 새로 지은 쾌적한 시설에서 좋으신 선생님들과 함께 다양한 프로그램에 참여하며 방과 후 시간을 안전하게 보낼 수 있는 곳이다. 첫째가 선정되어 이곳을 이용할 수 있게 해주셨고, 나에게는 책을 쓸 수 있는 시간을 주셨다. 사실 내 마음에는 돌봄 교실에 대한 설명을 들을 때부터 자리를 주실 것이란 확신이 있었다. 나는 혹시라도 우리 아이보다 진짜 꼭 돌봄이 필요한 아이가 이용하지 못하면 어쩌지 염려했었다. 내 마음 한편의 불편함까지 사라지도록 섬세하신 하나님께서 정원보다 부족한 인원이 신청하게 하셨다.

통독 중 행정적으로 큰 비용을 처리할 일이 있었다. 말씀으로 마음을 다스려주신 덕에 담당자에게 친절히 말할 수 있었고 10% 할인을 받게 되었다. 신약 완독을 하고 대학원 신우회비 연납에 대한 마음을(주님 것입니다) 자연스럽게 주셔서 기쁨으로 신우회비를 냈다. 전체통독이 마무리되면 감사헌금을 어느 정도 하고 싶다 마음속으로 생각했다. 정말 놀랍게도 할인받았던 금액이 계획했던 헌금과 신우회비의 합과 거의 같은 금액인 것을 통독 완료 당일 깨닫게 하셨다. 통독감사헌금을 드리고 싶지만, 이것이 남편이나 다른 누군가에게 혹 시험이 될까 염려되어 기쁨으로 순전히 드릴 수 있길 기도했는데 이렇게 완벽하게 재정도 마련해주시고 평안을 주셨다.

둥이들은 언어치료 수업을 받으면서 2020년 10월경 본격적으로 말이 트이고 많이 발전했다. 2021년 1월 통독 기간에는 드디어 4어절 문장으로 말하기 시작했다! 모르는 사람들과 엘리베이터에서 대화하고 다른 아기 엄마로부터 칭찬까지 받게 하셔서 감개무량했다.

"어쩜 이렇게 말을 잘해요? 우리 애는 언제 저렇게 말할까요?"

지금은 둘이서 역할극 하듯 서로 주거니 받거니 재잘재잘하고 유튜버처럼 진행하면서 놀기도 한다.

"친구들 안녕~ 오늘은 소방차를 만나볼 거예요."

이런 둥이들이 귀여워 가끔 넋을 놓고 웃으며 보게 된다.

사람이 가득한 엘리베이터에 탈 때 쇼맨십이 있는 선둥이는 야리야리한 목소리로 "죄송합니다." 말하곤 한다. 그때 쏟아지는 어른들의 찬사를 기억하고 매번 써먹는 것 같다. 둥이들이 처음 언어발달지연으로 진단받고 죄책감을 느꼈던 내가 전혀 상상도 못 했던 기쁘고 행복한 일이 일상 가운데 펼쳐지고 있다.

통독하며 진짜 신기한 일을 또 경험했는데 바로 우리 부부가 체중을 감량한 것이다!

남편은 무려 5kg, 나는 2kg이 빠졌다. 남편은 건강을 위해 스스로 식단을 조절했다. 나는 인터넷으로 남편이 필요한 식자재와 다이어트 도시락 몇 개 사준 것이 전부다. 남편이 지치지 않고 식단을 꾸준히 할 수 있었던 것이 은혜였다. 나는 전혀 노력한 점이 없다는 점에서 2kg이 빠진 것은 매우 고무적인 일이었다. 심지어 당이 딸려 배부르게 알 짬뽕과 탕수육을 먹고 후식으로 캐러멜 마키아토와 초콜릿 쿠키 3개까지 야무지게 해치운 통독 마지막 날, 2kg 감량되었음을(체중을 잰 시점이 기상 후가 아니라 밤이었음에도) 확인하여 매우 놀랐다. 말씀으로 영혼이 만족되어 이전보다 이상식욕이 덜 올라오고, 결과적으로 영도 육도 배부르게 하신 은혜이지 싶다.

나는 건강한 식단이 아니라 먹고 싶은 대로 먹는 사람이어서 한동안 화장실에서 편치 않았다. 그런데 통독 기간 쾌변케 하셨다! 선둥이가 참는 변비로 1년 넘게 고생해왔던 터라 나는 사람에게 원활한 배변 행위가 얼마나 중요한지 그 누구보다 뼈저리게 알고 있다. 쾌변의 은혜에 감사하며 선둥이를 위해 더욱 깊게 기도할 수 있었다.

통독을 마무리하고 주님께서 내 마음에 '행함이 있는 믿음에 대한 도전'을 주셨다.

내가 할 수 있는 것이 무엇일까? 통독 마지막 날, 두려워하지 말라는 에스겔 2장 5절~7절 말씀을 보여주셨다. '두려워하지 말고 듣든지 아니 듣든지 당신의 말씀을 전하라'고 하셨다.

먼저, 통독을 완료한 날 밤 11시부터 새벽 1시까지 통독을 통해 경험한 감사 제목 30개를 정리했다. 최대한 절제하고 사실 중심으로 썼음에도 워드 5장 분량이었다. 이 기록을 마음에 떠오른 지인들에게 공유하게 하셨다. 보내고 보니 각자 다른 상황이지만 필요한 분들에게 나누게 하셨음이 분명했다. 나의 부족한 간증을 함께 울며 반복해서 읽으신 분들도 있었다. 심지어 얼굴 뵌 적도 없는 비즈니스 관계 인분에게도 공유하란 마음을 주셨다. 이를 통해 그분을 변치 않고 사랑하시는 하나님을 확인시켜주셨다.

나 같은 사람도 주님의 은혜를 선전하는 것에 쓰일 수 있다는 것을 알게 하셔서 울컥했고 가슴이 두근거렸다. 이 시기에 존 번연의 《천로역정》을 읽게 하셨다. 《천로역정》을 통해 나는 무익한 종이고 가장 선한 행동 속에도 죄가 숨어 있어 무력하지만, 예수님이 계시기에 소망이 있음을, 그 믿음으로 사는 것임을 다시 한 번 마음에 새기게 하셨다. 《천로역정》을 읽어 내려갈 때도 통독 때와 마찬가지로 '행함이 있는 믿음'에 대한 도전을 주셨다. 나에게 행함이 있는 믿음은 무엇일까? 《천로역정》에 실린 존 번연의 서문을 통해 하나님이 용기를 주셨고 이렇게 책을 쓰는 일까지 하게 하셨다.

하나님은 내 삶 속에서 이토록 자연스럽게 나에게 맞춤형으로 인격적인 은혜를 주셨다. 은혜로 주신 기회들에 순종하여 움직일 때 그 안에서 기쁨을 누리게 하셨다. 예수님은 말씀이시며 내 안에 거하신다는 것을 확인시켜 주셨다. 분명 하나님은 각 사람을 다 아름다운 작품으로 빚으셨다. 다만, 내 눈이 어두워 불안 가운데 떨며 마음이 짓눌려 그 사실을 종종 잊었을 뿐이다. 하지만 말씀의 빛으로 내 마음을 밝혀주신 예수님의 사랑 덕에 나는 진정 나답게 살 수 있게 되었다. 예수님은 내가 자신에게 실망하고 일상 속에서 실패해 넘어져도, 늘 따뜻한 사랑으로 나에게 다시 일어설 수 있는 희망을 주신다.

숨은 은혜 찾기

나는 무언가 끄적이는 것을 좋아했다. 게을러서 일기를 매일 쓰지는 못했다. 그래도 대학 때부터 틈틈이 끄적였던 다이어리들을 정리해보니 내 삶의 흔적이 고스란히 남아 있었다. 그날의 경험과 내가 느꼈던 감정 그리고 결국에는 하나님께 하소연하고 감사함으로 마무리하는 패턴이 반복되었다. 대학교 2학년 때 엄마가 갑자기 쓰러지셔서 중환자실에 계신 동안 손바닥 크기만 한 수첩에 휘갈겨 짧게 적어두었던 나의 심정은 20년이 지난 지금 읽어봐도 마음이 저리다. 놀랍게도 그 안에서 하나님께 감사했던 흔적을 곳곳에서 찾았다. 타야 할 버스를 바로 보내주시고 심지어 자리까지 있었던 일 등 사소한 일상에서의 깨알 같은 감사에서부터 엄마를 잃고 삶의 가장 큰 상실 앞에서 마음에 주신 믿기 힘든 감사까지, 그 모든 것이 주님께서 하루하루 주신 은혜를 발견하는 통로였다.

1월에 성경통독을 하고 2월부터 작가 수업을 듣게 하셨다. 대학 때부터 책을 쓰고 싶은 소망이 있었는데 이렇게 쓰게 될 줄은 몰랐다. 생각해보면 하나님은 꽤 긴 기간 나에게 글쓰기 훈련을 시키셨다. 대학 때는 다이어리를 쓰게 하시고 본격적인 사회생활은 사내방송 작가 겸 아나운서로 시작하게 하셨다. 사내방송 교양프로그램과 뉴스프로그램 대본을 쓰는 것이 내 업무 중 큰 부분이었기에 매일 글을 쓸 수밖에 없었다. 2번째 회사에서는 온라인 기업교육 프로그램을 기획하고 개발하면서 프로그램 강사의 큐시트도 만들게 하셨다. 3번째 회사에서는 사내 라디오방송 디제이를 하며 디제이 대본도 썼었고, 매일 업무 틈틈이 워드 파일을 열어놓고 그날그날의 생각들을 정리해 기록했다. 그렇게 하나님은 나를 단련해주신 것이다.

　내가 둥이들 어린이집 보내고 우울함에 허덕일 때 생산성 없이 하루를 보내는 것에 대한 자책이 컸다. 그런데 지금은 그때의 시간도 감사하다. 작가 수업 중 다른 작가님에 대한 강사님의 피드백 들으며 문득 떠오르게 하셨다.

　"너무 곧이곧대로 모범생으로 사시지 않았나요? 좀 딴짓도 많이 하시는 것이 도움이 될 거 같아요."

　나 역시 농담이나 장난과는 거리가 먼 매우 진지하고 재미없는 사람 중 일인자다. 일찍 아버지 어머니가 하늘나라 가신 덕에 책임감을 갖고 살아온 경험도 한몫했을 것이다.

아나운서 준비 시절, 강사님이 내게 지어준 별명은 심동(深童, 심각한 아이) 이었다.

"은혜야, 너는 생각이 너무 많고 심각해. 좀 더 가벼워질 필요가 있어."

그때는 내가 어떻게 해야 가벼워질지 몰랐다. 그런데 생산성 없는 하루를 보내며 자책했던 그 시간 타임킬링하며 봤던 드라마, 미드, 웹툰 등 다양한 콘텐츠가 답이었다. 늘 심각하게 경직되어 있던 나를 말랑말랑 가볍게 해주었다. 책을 쓰는 작업에 앞서 꼭 필요한 시간이었다. 정말 하나님은 나를 다양한 방법으로 만지시고, 내 삶의 찌질한 모든 순간까지 다 쓰신다. 실패의 순간까지도 우리가 감사함으로 받아들이면 은혜로 다가오게 하신다. 그때 우리 삶의 기적이 시작된다.

대학원 신우회 모임에 참석했던 어느 날, 한 선배가 나에게 이런 말을 해주셨다.

"우리 후배님은 보면 항상 잘 풀리는 것 같아."

나를 10년 넘게 아껴준 지인은 나에게 곧잘 이런 말을 했다.

"은혜 씨는 계획을 안 하는 것 같지만 어느 순간 보면 현실적으로 가장 좋은 선택을 하더라고요. 실속이 있다고 해야 하나……. 계산해서 행동한 게 아닌데 결국은 항상 본인에게 득이 되고 좋은 방향으로 가고 잘되는 것 같아요."

우리 집 쌍둥이들은 예정일보다 한 달 일찍 태어났다. 그때 내 마음에 강하게 주셨던 생각은 단 하나였다.

'하나님께서 쌍둥이들 가장 좋은 때에 만나게 하신다.'

정말 둥이들은 가장 좋은 때에 태어나, 형제가 있는 조산아로 분류되어 비싼 주사인 RSV(호흡기 세포융합 바이러스) 예방주사도 저렴한 가격으로 맞을 수 있었다. 둘 다 다행히 2kg이 넘게 태어나 인큐베이터에 들어가지 않았다. 조리원 퇴소 때까지 다양한 검사 관련해 마음 졸였지만 결국, 집으로 건강히 나와 함께 오게 해주셨다.

인정한다. 나는 항상 내가 노력하는 것보다 잘 풀리는 인생, 잘 되는 삶을 살아왔다. 곰곰이 생각해봤다. 우연 혹은 단순한 행운이라 하기에는 내 40여 년 인생에서 너무도 자주 반복되었다. 물론 내 인생이 항상 행복하진 않았다. 어려운 일도 있었고 우울함에 스스로 땅굴을 파고 들어가는 날도 많았다. 내가 바라는 타이밍에 원하는 바를 주시지는 않았다. 하지만, 주님은 언제나 나에게 가장 좋은 것을(혹은 가장 유익한 것을), 가장 알맞을 때 주신다는 것을 믿었다. 주님의 선하심을 믿기에 내가 생각하고 계획했던 모습이 아닐지라도 감사할 수 있었다. 일상 가운데 숨어 있는 주님의 은혜를 발견하는 '감사'가 그 비밀의 열쇠가 아니었을까?

◆ Part 4 ◆

은혜를
발견하는
가장
쉬운 방법

솔직하면 안 돼?

누군가에 대한 욕과 원망으로 A4 여러 장을 채워봤다. 회사에서 힘들었던 일을 틈틈이 열어둔 워드 파일에 하나님께 이르듯 다다다 하소연하듯 기록하기도 했다. 내 인생을 힘들게 했던 사람들, 최근에는 자녀들, 콕 집어 우리 비글미 뿜뿜하는 쌍둥이 아들들이다. 난 감정을 솔직히 표현하는 편이다. 아직 철이 덜 들고, 이기적이라 그런지 아이들에게 좀 더 인내하며 자상하게 대해도 될 텐데 참 쉽지가 않다. 가차 없는 표현에 아이들도 상처받았을지 모르겠다. 배려심 넘치는 우리 천사 첫째가 어느 날 나에게 이런 쪽지를 주었다.

"마음속에서도 미안하고 머리부터 발끝까지 진심으로 미안해요."

'하……. 넌 정말 하나님이 주신 선물이구나!'

아이가 잘못하면 얼마나 큰 잘못을 했다고 나는 그렇게 다다다 쏘아붙였을까. 엇나갈 법도 한데 착한 아이의 절절한 사과 쪽지에 죄책감이 들었다. 물론 나는 훈육이 필요한 부분은 단호히 말해야 한다고 생각하며 독립적인 아이들로 키우고 싶은 사람이다. 아이들은 어릴 때부터 우리 부부에게 존댓말을 하고 있다. 나는 엄마이지 친구가 아니다. 어느 정도는 부모와 자식 간의 건강한 거리감을 가지고 싶다. 나의 큰 친구였던 우리 엄마 역시 만만한 친구가 아니라 동경하는, 우러러보는 워너비(닮고 싶은 대상)였다. 내가 가장 무서워하면서도 존경하고 사랑하는 대상이었다.

나도 아이들과의 관계가 사랑을 바탕으로 하지만 각자의 영역이 있고 존중할 수 있는 독립적인 관계이길 바란다. 아이가 내민 쪽지에 적잖이 당황한 나는 아직 아이인데 너무했나 싶다가도 '왜 엄마는 솔직하면 안 되지?' 생각했다. (물론 솔직함도 적당히, 아이의 눈높이에서 품어 줄 필요도 있어 지혜가 필요하지만……)

하물며 하나님 앞에서야 점잖 뺄 필요 없지 않을까?

이미 다 아는데……. 날 만들었잖아!

그냥 내가 억울하면 억울한 대로, 속상하면 속상한 대로, 이해되지 않으면 안 되는 대로 있는 그대로 삐대(?)보았다. 작가수업을 들으며 치유의 글쓰기를 했다. 내 내면에서 하고 싶은 이야기, 더럽고 추악해도 저 바닥에서부터 다 끌어 올려 헤집는 작업. 그때, 나는 예수님 앞에 다다다 퍼부었다. 나의 치유 글쓰기 첫 장 시작은 이렇게 시작된다.

"예수님 그냥 막 욕할게요. 쌍쌍진짜쌍쌍바내요. 선둥이 엉덩이가 또 상했습니다. 왜 빨리 안 고쳐주시는 걸까요? 아기잖아요! 아기 피부 자꾸 상하게 하는 거는 반칙 아닙니까?

내 똥이 빠지면 선둥이 똥도 시원하게 빠질까요? 제발 그랬으면 합니다. 선둥이 부풀어 오른 배와 다리 꼬고 참는 포즈, 헐어버린 똥꼬……. 이 모든 것에 마음이 문드러집니다. 아시잖아요?

선둥이 도와주세요. 일상의 당연한 일들을 너무 힘들지 않게 할 수 있도록 도와주세요.

저는 진짜 비우고 투명해지길 원합니다. 그리고 이 모든 작업이 그저 헛된 메아리. 자기반성 혹은 자기연민이 아니라 나를 만드시고 나를 위해 십자가를 지신 예수님, 내가 모르는 내 안의 더러운 것들 모두 아시는 예수님 앞에 십자가 앞에 쏟아내고 보혈로 씻기길 원합니다. 멋진 말, 은혜로운 말로 의지적으로 드리는 감사는 잠시 내려놓고 정말 솔직하게 내면을 까발려서 예수님 앞에 엎드러지고 싶습니다."

스스로 연약한 부분, 추악한 부분을 괴로워하기보다 인정하고 주님께 솔직하게 나갔다. 약 4주간 치유 글쓰기를 해나가면서 여러 번 자신의 바닥을 확인했고 처절하게 예수님께 매달렸다.

"아! 진짜 오늘 새벽까지 《천로역정》 읽으며 은혜와 깨달음을 얻고도 결국 현실은 이렇게 쓰레기로 반응하게 되니 미치고 팔짝 뛰겠다! 정말 나는 구제불능일까?"

"주여, 왜 이렇게 아이들과 함께하는 시간이 행복하기보다 고통스럽습니까? 오늘 아침은 진짜 소리 지르고 몇 대 때리고 도망가고 싶을 지경이었습니다. 이게 마흔 넘은 성인이 보일 반응입니까? 주님, 빡칠 때는 예수님 생각이 전혀 나지 않았습니다. 내 감정이 주인이고, 내가 불쾌하고 기분 상한 것이 전부이고 아이들은 천하의 죽일 것들이 되어버립니다. 나는 나대로 미친 엄마이고 너무 기분이 바닥이고 별로입니다.

아이들을 엄하게 가르치는 것과 내 감정에 놀아나는 것은 분명 천지 차이가 있을 텐데…….

예수님, 생각나게 해주세요. 진짜 죄인 된 나로서는 감당할 수 있는 일상이 아닙니다. 무조건 참고 희생하고 싶지 않습니다. 제 내면에서 일해주세요. 하루에 순간순간 몇천 번씩 예수님 생각하고 주님께 맡기고 의지하고 하고 싶습니다.

선한 척 의로운 척이 아니라 진리 되신 예수님, 진정 선하시고 의로우신 예수님의 은혜로 매 순간을 살고 싶습니다. 주님 도와주세요. 저의 불편하고 악한 감정이 주인 되지 않게 하시고, 나를 만드시고 아이들을 만드신 예수님이 주인 되셔서 인도해주세요.

나는 할 수가 없습니다. 도저히 성경 읽고 말씀 듣고 예배드

려도 나는 죄인입니다. 너무나도 쉽게 제 감정과 이기심에 넘어지고 떨어져 나가는 등신입니다.

주여 불쌍히 여겨 주세요. 내 맘 다스리기를 스스로 할 수 없습니다. 저의 힘으로 착한 엄마, 우아한 엄마가 될 수 없습니다. 주님 은혜를 부어주시고 동행해주세요. 매 순간 기억나게 하시고 매 순간 의지하기 원합니다.

주님이 아니면 나는 버려질 쓰레기일 뿐입니다.

긍휼히 여겨 주세요. 덕이 되지 않는 언행과 불쾌한 감정을 전염시키는 죄를 회개합니다.

율법주의자처럼 위선적으로 살 수도, 살고 싶지도 않습니다. 내 안의 예수그리스도께서 일하심으로 '진짜'를 느끼고, 타인과 진실한 관계를 맺고 서로 선한 영향을 주고받으며 살기 원합니다.

성경통독 한 번 했다고 우쭐하고 교만했음을 회개합니다. 당연히 주님 말씀을 먹으며 살아야 하는데 한 번에 후루룩했다고 부끄러운 줄 모르고 뻐겼던 마음의 태도 회개합니다. 스스로 의로운 줄 착각하며 타인을 판단한 높은 눈 회개합니다. 쌍둥이와 부딪치면 진심으로 안타깝거나 미안하기보다 미움과 이해 안 됨, 분노가 더 큽니다. 씩씩거리는 부정적 감정이 꽤 오래 지속 되며 영혼이 상하고 힘을 잃게 됩니다. 내 안에 사랑이 있나요? 나는 진정 아이들을 사랑하나요? 내가 진짜 사랑을 할 수 있나요? 아니요. 나는 나만 사랑합니다. 나는 나 외에 사람들 그것이 배우자나 자녀일지라도 나보다는 우선순위에서 밀립니다. 내 기분을 상하게 하고 내 몸을 힘들게 하면 용납이 되지 않습니다. 그게 나입니다.

책임감과 의무감으로 부모 노릇을 하려고 힘겹게 버티고 있지만 내 안에는 사랑이 없습니다. 우리 아이들은 어찌해야 하나요? 그 아이들은 무슨 잘못이 있나요? 하나님의 사랑, 예수님의 사랑을 가정 안에서 부모를 통해 먼저 경험케 하시려고 가정을 주신 것 같은데…… 주님 저는 엄마 된 자로 사랑도 지혜도 부족합니다. 우리 아이들 어떻게 하실 건가요? 주님이 주셨고 주님의 자녀이고 주님이 키우신다 했으니 책임지십시오. 저는 정말 모르겠습니다. 우리 아이들 어떻게 대하고 어떻게 키워야 할지 막막하기만 합니다. 하루에도 한두 번은 쌍둥이의 고집불통에 서로 진이 빠지게 악다구니를 쓰고 있는 진흙탕 같은 현실에서 제가 말씀을 읽고 기도를 하는 게 위선일까요?

말씀은 말씀대로 제안에 깨달음과 빛이 되어주시고 은혜가 되는데 왜 제 현실의 삶은 시궁창일까요? 어떻게 해야 할지 정말 어찌할 바를 모르겠습니다.

주님 정말 저는 어떻게 해야 합니까? 물어볼 사람도 안아줄 사람도 없습니다. 주님뿐입니다. 주님이 만드셨잖아요. 저도 남편도 아이들도 주님이 아시잖아요 어떻게 해야 합니까?

주님 저에겐 정말 사랑이 없습니다. 사랑을 부어주셔야 아이들 사랑할 수 있고, 지혜를 주셔야 온화하게 대할 수 있습니다. 그 무엇보다 제 중심에 어두움이 가득해서 예수님의 빛으로 비춰주시고 깨끗이 해주시지 않으면 저는 그 어떤 선한 반응도 할 수 없는 철저한 죄인임을 고백합니다. 죽을 수밖에 없는 자이며 이미 마음은 지옥입니다.

주여 이런 저에게 예수님을 알려주시고 말씀의 비밀을 보여주시니 그 은혜가 참으로 큽니다. 주님 도와주세요. 멋진 척 의로운 척 말고 정말 예수님 보혈의 은혜로 새사람 새 심령이 되어 주의 은혜로 빛의 자녀로 행하는 자가 되길 원합니다.

예수님의 이름으로 구하면 주시고 기쁨이 가득하게 하신다 약속하신 주님! 구합니다, 간절히 구합니다. 절 구원해 주세요. 제 힘으로는 할 수가 없습니다. 주님 제 영혼을 불쌍히 여기시고 구원하사 예수님의 빛으로 깨끗게 하시고 고쳐주세요. 병든 마음을 거룩하게 새 마음으로 고쳐주세요. 제 감정을 우상 삼았던 것을 회개합니다, 용서해주세요.

주님, 후히 주시고 꾸짖지 않으신다고 말씀하신 주님, 저는 정말 철저히 죄인이고 외롭고 불쌍한 자입니다. 주님이 만드셨으니 주님이 고치시고 주님이 사용하여 주세요. 정말 저 어떻게 살아야 할지 모르겠어요. 주님 불쌍히 여겨 주세요.

지금부터는 아이들과 부딪혀 부정적인 감정이 올라올 때 바로 예수님 부르고 찾고, 예수님이 주시는 사랑과 지혜로 아이들 대하길 원합니다. 가르칠 것을 가르치게 하시고 사랑으로 품을 바를 품게 하옵소서. 정말 저는 아무것도 모르는 무익한 자입니다. 긍휼히 여기시옵소서. 예수님의 이름으로 기도드렸습니다. 아멘."

이렇게 구질구질하게 징징거리며 예수님께 매달렸던 날, 하원 시간에 아이들이 유독 사랑스러워 보이는 것이 아닌가? 그날 나는 아이들을 재우고 치유의 글쓰기 파일에 앞서 썼던 떼쓰기 기도에 이어서 이렇게 썼다.

"감사합니다. 주의 은혜로 쌍둥이들 하원 때부터 사랑으로 대하게 하심 감사합니다. 아이들의 마음을 좀 더 읽어주고 따뜻하게 대했을 때 아이들도 덜 칭얼거리고 오늘 하루 잘 마무리하게 하심 감사합니다."

정말 내 마음이 오전에는 지옥이었는데 저녁에는 천국으로 바뀌는 놀라운 기적이 일어났다!

우리 이제 솔직해지자. 솔직해도 된다. 상황이, 감정이, 혹은 삶의 모든 것이 다 버거워 죽을 것 같을 때 못나고 찌질한 모습 그대로 예수님께 가자. 예수님께 맡겨버리고 쉬자! 사랑이 풍성하신 예수님은 우리를 내치지 않으시고 우리 가운데 일하시며 살길을 보여주신다.

아부의 기술

우리는 각자의 삶을 통해 하나님을 찬양하기 위해 지어진 존재가 아닐까?

나는 하나님께 잘 보이고 싶다. 기쁘게 해드리고 싶다. 그것이 내 삶의 원동력이고 내 빽(믿는 구석)이기 때문이다. 나는 매일 감사일기를 시작할 때 묻지도 않고 따지지도 않고 찐하게 아부부터 하고 일상 속 감사한 일들을 세세하게 적었다.

"하나님 감사합니다. 사랑합니다. 찬양합니다.

beautiful creature 주님이 아름답게 만드신 피조물인 세 자녀.

주님의 자녀이며 주님이 키우시니 늘 평안하고 감사합니다."

'내 삶의 지극히 사소한 부분에서도 주님의 손길을 발견하며 인정하는 것' 그것이 바로 내가 하나님께 아부하는 기술이다! 혼잣말하는 미친 사람처럼 보일 수 있지만 나는 주님께 중얼거리며 다녔던 대학 때 통학 길이 참 즐거웠다.

"주님, 제가 타야 할 버스가 빨리 왔어요! 심지어 자리도 비어 있어요!! 역시 주님은 절 사랑하시는군요.^^ 주님 감사합니다!"

지하철 플랫폼에 열차가 들어오며 기분 좋은 바람과 소음이 만들어질 때 내가 가장 많이 부른 찬양이 있다.

"주님의 높고 위대하심을 내 영혼이 찬양하네……."

양팔을 살짝 벌리고 주님께 올려드리는 나만의 비밀 찬양이다. 이 찬양은 계절의 변화로 싱그러운 초록색 나뭇잎을 발견했을 때, 알록달록 예쁜 꽃들이 피었을 때, 빗방울을 촉촉이 머금은 나뭇가지의 아름다움이 느껴질 때도 수시로 주님께 불렀다. 마음으로 '멋져요. 하나님♡' 하트 뿅뿅 날리며 감동하곤 했다.

내가 기막히게 잘하는 게 있는데 바로 모든 상황을 '나에게 유리하게 해석하기'이다. 이것은 무한긍정 혹은 자기합리화와는 다르다. 나는 겉으로 긍정적으로 보일지 모르지만, 내면에는 온갖 어두움이 도사리고 있는 사람이기에 내 의지로 무한긍정파워를 발휘할 수 없다. 다만, 아무리 현실이 거지 같아도 결국 나에게 가장 좋은 것으로 선하게 인도하시는 하나님을 믿는 것이다. 나는 너무도 쉽게 분노하고 감정에 휩쓸린다. 하지만 나를 만드신 그분의 섬세하고 인격적인 은혜를 인정하며 나아가면, 주님은 평안을 주시고 이전에 마음이 어두워 보이지 않던 좋은 것을 발견케 하신다.

이 글을 쓰는 지금 나는 원래 첫째 하교 지도를 하기 위해 교문 앞에 서 있어야 한다. (초등 1학년 하교 시간은 왜 이렇게 빠른 것인가? 등교하고 돌아서면 하교다) 어제 문자 한 통을 받았다. 이번 주 컴퓨터 방과 후 수업이 휴강이란다. 평상시에는 비대면 수업이라 하교 후 돌봄 교실을 이용하지 않고 바로 귀가해 내 노트북으로 수업을 들었다. 그런데 휴강을 해서 오늘은 돌봄 교실로 간 것이다! 마음속으로 바로 기도했다.

'감사합니다. 안 그래도 초고 작업에 집중이 어려웠는데 낮에 집중할 수 있는 시간을 만들어주시니 감사합니다. 주님 역시 최고!'

이렇게 나는 일상의 세세한 사건들을 감사로 받으며 남는 장사를 한다. 너무 영악한 걸까? 영악하면 어떤가? 나는 주님이 기뻐하시면 그만이다.

요새는 진짜 비대면 수업이 대세다. 나도 작가수업을 줌(화상회의 프로그램)으로 들었다. 2주 차 수업을 심지어 시댁에서 듣게 되었는데 내 화면만 초록색으로 나오는 것이 아닌가? 아냐~ 이 노트북으로 수업 듣고 글도 써야 하는데……. 실시간 수업은 이미 시작되었고 무슨 일인지 모바일로 입장도 되지 않는 상황. 쓱쓱 후후, 누군가(?) 내가 작가 수업 듣는 게 어지간히 싫은가 본데 나 그렇게 호락호락한 사람 아니다! 마음속으로 기도했다.

'주님 그냥 초록 인간으로 쓸게요. 앞으로 화장하지 않아도 되고 좋죠. 뭐. 나름 독특한 아이덴티티도 생기고 감사합니다. 지금 수업도 들어야 하고 이어서 글도 써야 하니까 그냥 A/S 안 하고 쭉 쓰겠

습니다.'

그날 수업 녹화본에는 정말 나만 초록 인간으로 나온다. 그날 이후 이 노트북으로 나는 다시 다른 비대면 수업도 들었고 첫째는 구글 클래스를 활용해 컴퓨터 방과 후 수업도 들었다. 그런데 '어라, 잘되네요? 화면이 컬러로 잘 나오는 건 왜죠?!'

만약 내가 초록 인간으로 나왔던 그날 짜증 가득한 마음으로 수업을 듣지 않았다면 이 책을 쓸 수는 없었을 것이다. 왜냐하면, 그날 수업에서 내가 무엇을 주제로 쓰고 싶은지 마음이 울컥하며 깨닫게 하셨기 때문이다. 중요한 수업이었기에 방해가 컸던 것 같다. 그리고 하나님이 내 마음을 조금 더 건강하게 해주셨다는 것도 확인할 수 있었다. 예전에 예민했던 부분이 지금은 괜찮다는 것을 확인케 하심이 감사하다. 나는 정말 다른 사람이 나를 어떻게 보는가에 많이 예민한 사람인데 너무도 담대히 "그냥 오늘은 초록 인간으로 할게요! 신경 쓰지 말고 수업 진행해주세요."

진심으로 쿨하게 반응케 하시다니. 하나님 완전 멋지잖아요! 이만하면 나는 아부왕이 아닐까? 하하하.

속속들이 나보다 나를 더 잘 아는 그분을 믿어버리는 것, 우주를 만드신 하나님이 정말 내 삶의 구석구석 친히 개입해주신다는 것, 아 정말 마음이 웅장해진다!

우리는 언제나 주님의 섬세한 손길을 매일의 삶 속에서 발견하고 누릴 수 있다.

100일 작업 들어갑니다

4주간 성경통독을 마치고 바로 감사 제목 30가지를 정리했다. 그 당시 부어주신 은혜와 감사함을 생생히 남기고 싶어서 통독이 끝나자마자 2시간가량 컴퓨터 앞에 앉아 있었다. 그 기록을 몇 번이고 다시 읽으며 주님이 주신 놀라운 은혜를 곱씹었다. 그리고 그다음 달부터 매일 감사일기를 세세히 적었다. 지금껏 살아오며 마음에는 항상 감사가 있었지만, 인간은 망각의 동물인지라 이전에 내가 무엇을 감사했는지 다 정확히 기억나진 않는다. 하나님이 분명 매일 내 삶을 통해 일 하셨었는데……. 이번에는 정말 제대로 주님께 아부할 마음을 먹고 100일간 상세하게 감사일기를 쓰기 시작했다.

감사일기 첫째 날

주님께서 마음에 주신 일들을 먼저 했다. 100일 작업 들어가기 전에 꼭 해결해야 할 일이 있었다. 통독 후 떠오르게 하신 10년 전 나의 잘못. 무려 10년 만에 용서를 구하기 위해 떨리는 마음으로 전화를 하고 진심 어린 사과를 했다. 그리고 그분께 무슨 일이든 내가 필요할 때 꼭 돕겠다고 약속드렸다.

그날 오후에는 그간 소원해 임신한지도 몰랐던, 몇 달 전 출산한 대학 단짝 친구에게 아기 옷 선물을 택배로 보냈고 마음이 정말 시원하고 기뻤다. (고생한 친구에게는 남편이랑 카페데이트 하라고 커피랑 케이크 기프티콘을 보냈다) 나는 정말 마음에 주신 것을 했을 뿐인데……. 하나님께서는 몇 배로 갚아 주셨다. 잊을 수 없는 감사일기 첫날의 기적, 마음의 빚을 갚게 하시고 더 많은 선물을 받았던 날! 감사일기에서 그 흔적을 찾아보니 다음과 같다.

▹ 감사 2

○○○ 교수님께 10년 만에 용서를 구하고 용서받게 하시고 축복의 말까지 듣게 하심 감사합니다.

(중략)

▹ 감사 6

○○에게 출산 축하 선물 기꺼이 기쁜 마음으로 하게 하심 감사합니다. ○○○ 작가님께 선물 보내게 하심 감사합니다. 우체국 택배 데스크 사장님께 초콜릿 드릴 수 있어 감사합니다.

▸ 감사 7

남동생으로부터 황금향, 갈치 선물 받게 하시고 ○○○에서 청송사
과 ○○○○에서 한우 선물 받게 하시니 감사합니다. 과일 맛있어서
유용함 감사합니다.

감사일기 47일 차

첫째 하교하러 가는 대낮에 대로 한복판에서 눈물이 터졌다. 길
거리에서 따사로운 햇볕을 받으며 걸어가는데 문득 정말 감사한 거
다. 바로 카카오톡 나에게 메시지 쓰기로 당시 내 마음을 기록으로
남겼다.

"죽기 전 통독하게 하시니 감사합니다. 죽기 전 책 쓰게 하시니 감
사합니다. 내 삶의 모든 조각 조각이 다 쓰이게 하시니 감사합니다."

사실 매일 즐겁게 길게 쓰지는 못한다. 하루의 감사 제목을 정리
하기 전에 둥이들 재우며 잠든 날도 있다. (나중에 정리하긴 했지만) 어
느 날은 몸도 마음도 너무 피곤했다. 실패하고 처참한 마음에 위선인
가 싶을 때도 있었다. 하지만 꾸역꾸역이라도 못난 모습 그대로 솔직
히 인정하고 썼다. 그러다 보니 어느새 무거웠던 나의 마음을 가볍게
바꿔 주셨다.

'나의 연약함을 느끼고 깨닫게 하시니 감사합니다.'

'이렇게 부족한데도 사람 구실하며 살게 하시니 감사합니다.'라는
고백을 하게 하셨다.

마음이 움직이지 않아도 괜찮다. 감정이 우리 주인이 아니니까!

예수님이 주인이시니 감사하다. 지금부터 주인 인정하기 훈련 100일을 해보자. 나에 대해서는 생각하지 않아도 된다. 너무 무겁게 생각하지 말자. 부끄럽게도 나는 감사일기 쓰는 동안 매일 아이들과 살얼음판 걷듯 아슬아슬하다 파사삭 얼음 깨지고 버럭버럭하기의 반복이었다. 그래도 감사하며 쓰면 된다.

실패한 날, 다 때려치우고 싶은 날은 의지적으로 시시콜콜 찌질하고 솔직하게 써보자. 고상한 척, 선한 척, 의로운 척 따위 벗어 던지자. 그냥 있는 그대로 쓰면서 예수님 바라보자.

"예수님, 내 안에서 일해주세요. 나는 할 수 없습니다."

"주님은 완벽하게 저와 아이들을 주님 형상으로 만드셨는데 제가 망치고 있어요. 죄송해요."

참 많이도 반복해서 올려드렸던 고백들이다.

이 과정을 통해 하나님께서 친히 나의 내면을 만져주셨음을 시간이 지난 지금 일상을 통해 확인하게 된다. 둥이들은 여전히 비글미 뿜뿜하고 일상 속에 스트레스받을 일들이 왕왕 생기지만, 그에 대한 나의 반응은 많이 달라졌다. 둥이들은 참 다양하게 서로 다른 것들을 나에게 요구한다. 내 몸은 하나고 그 요구사항들을 들어 줄 수 있는 상황이 아니거니와 해주는 것이 선하지 않은 그 순간.

'예수님 도와주세요!'

마음속으로 외치면 단호하고 휘둘리지 않으며 해야 할 바를 하게 하신다. 아이들에게 끌려다니며 멘탈 털리던 나에게는 정말 상상도 하지 못했던 일이다.

둥이들을 데리고 도보 등원하는 길, 주차장에 들러 아이들이 사랑하는 빠방들을 보고 캠핑카한테 인사하고 어린이집으로 가기로 약속했다. 주차장에서 캠핑카와 인사하고 돌아서는 순간 1층으로 가잔다. 1층 약국에 들러 비타민 젤리도 사자는 선둥이, 햄버거 가게에 가자는 후둥이.

'아놔, 엄마 몸 하나고 지금은 어린이집 가야 할 시간이거든!!!'

속이 부글부글하지만 나는 일단 아이들 말을 듣기는 들어줬다.

"응. 알았어. 그런데 지금은 어린이집 가기로 약속한 시각이야. 약속은 지켜야 하는 거야."

같은 말을 무한 반복하며 각자 다른 방향으로 튀어 나가려는 아이들 손을 힘주어 잡고 끌다시피 어린이집으로 향했다. 막상 어린이집 앞에 오니 아이들은 언제 그랬냐는 듯 "계단! 계단!" 하며 어린이집 복도 계단을 신나게 올랐다. 물론 이런 난관이 바로 해피엔딩으로 끝나지는 않는다. 선둥이가 쏙 들어가고 후둥이는 남아서 꼬투리 잡듯 또 다른 고집을 계속해서 부렸다. 평상시 같으면 열이 받아 부정적 감정이 훅하고 올라왔을 텐데 나는 복도 벽에 후둥이 등을 붙이고 아까 했던 말을 아이와 눈을 맞추고 낮은 목소리로 반복했다.

"응. 알았어. 그런데 지금은 어린이집 가기로 약속한 시각이야. 약속은 지켜야 하는 거야."

잠깐 조용해진 후둥이는 언제 고집을 피웠냐는 듯 말을 바꿔 "○○반 들어갈 거야, 아가들 반도 가볼 거야." 하고 들어갔다.

감정은 우리 삶의 주인이 아니다. 100일의 감사일기를 통해 더욱 확실히 깨닫게 하셨다.

수많은 감정이 몰아치는 위기의 순간마다 그냥 있는 그대로 연약한 우리의 모습을 인정하자. 그리고 감사함으로 예수그리스도를 붙잡기만 하면 우리는 이전과 다르게 반응할 수 있다.

So what?

감사일기 100일을 썼다. 그래서 무엇이 바뀌었을까?

가장 큰 것은 몸과 마음이 건강해졌다는 것이다. 나는 그저 감사 일기를 매일 썼을 뿐인데 10일씩 끊어서 분석해보니 내 감정의 그래 프가 변했다. 나는 활기차고 마음이 안정된 일상을 갖게 되었다. 이 건 정말 기적이다! 아직도 욱이 많이 올라오지만 내 감정의 업앤다 운(Up& Down) 파동은 점점 진폭이 줄었다. 하루를 보낼 때 오전에 무 너졌어도, 오후에는 다시 일어나 할 일을 해나가게 하셔서 하루를 완 전히 망쳐버리지 않게 되었다. 감정의 그래프가 완만해지게 하셨다. 실수하고 넘어지지만 금방 툭 털고 일어날 수 있는 마음의 힘을 주신 것이다!

감사일기 4일 차

둥이들 재원 중인 어린이집 재학생 대표로 영상 인터뷰를 하게 하셨다. 나는 진심으로 우리 어린이집을 사랑하고 감사하는 마음이 크다. 어린이집에서는 선둥이 변비로 배변훈련이 쉽지 않은데 배변훈련 자료도 따로 챙겨주시고 자연스럽게 아이가 시도해 볼 수 있도록 지도해주셨다.

그동안 원장님과 선생님들께서 사랑으로 진심 어린 보육을 해주셨기에 감사 표현을 항상 하고 싶었는데 선물은 받지 않으셨다. 늘 아쉬운 마음이 있었는데 이렇게 감사한 마음을 직접 표현할 기회를 주셔서 참 감사했다. 나는 열혈 어린이집 홍보대사의 사명감을 가지고 진심을 담아 영상을 촬영해 보내드렸다. 이 영상은 신입생 OT 자료에 삽입되고, 구립어린이집 홍보자료로도 구청에 제출되었다.

하나님은 여기서 그치지 않고 어린이집 운영위원과 구청에서 운영하는 어린이집 모니터링 단에 참여하게 하셨다. 얼마 후에는 첫째 학교 초등돌봄센터 운영위원과 돌봄 모니터링 단까지 하게 하셨다! 지난 3년간 정말 폐쇄적인 삶을 살아온 나를 자연스럽게 다양한 커뮤니티 활동으로 인도하신 것이다.

살림력 제로 혹은 마이너스인 나는 아이들 식탁을 차리는 것이 늘 머리 아프고 갑갑한 숙제였다.

감사일기 44일 차

어린이집 학부모 비대면 수업이었던 '밥상머리 교육'을 통해 식탁 차리기에 대한 두려움을 자연스럽게 해소해 주셨다. 수업 전에는 괜히 수업을 듣고 자괴감과 부담감만 커질까 봐 걱정도 했었지만, 마음속으로 기도했다.

'눌리지 않고 필요한 것 배우게 해주세요.'

정말로 하나님은 이 수업을 통해서 그동안 머리로는 알지만, 밥 먹이기에 급급해 실천하지 못했던 아이들과의 대화와 열린 질문에 대해 다시 한 번 생각하게 하셨다. 더불어 식단 구성에 대해서도 마음이 그다지 어렵지 않았고, 내가 할 수 있는 것부터 차근차근 건강한 방향으로 바꿔 주셨다. 항상 막 먹고 대충 먹었던 나는 이날을 기점으로 조금씩 더 채소와 단백질 식품군을 챙겨 먹는 노력을 하고 있다.

감사일기 30일 차

첫째가 입학을 했고 학교까지 도보로 20분 정도 걸렸다. 등하교하면서 아이도 나도 체력을 자연스럽게 기르게 하셨고 60일 차부터는 운동을 시작하게 하셨다. 아이들 등원시키면 누워 있기 바빴던 내가 무려 운동이라니! 간단한 홈트 스트레칭, 걷기 수준의 쉬운 운동을 주 3회 30분 이상씩 했다. 나는 평상시 목 뒤와 엉치 통증, 골반 틀어짐, 교통사고로 다쳤던 어깨의 불편함 등이 있었다. 몇 년 만에 한 운동은 정말 큰 변화를 느끼게 했다. 천근만근 무거웠던 다리가 가뿐하고 몸 여기저기서 수시로 느껴졌던 통증이 사라졌다. 활력이 느껴지는 하루가 얼마나 달콤한지! 등하교 걷기로 체력을 한 달 동안 기르고 자연스럽게 체형교정과 어깨 재활에 도움이 될 운동을 스스로 찾아서 하게 하신 하나님, 정말 하나님은 내 몸과 마음이 건강해지도록 섬세하게 돌봐주신 것이다.

나는 아이들과 종일 붙어 있는 주말을 앞둔 금요일이 매번 두렵고 싫었다. 직장인들은 불금을 기대하지만 나는 월화수목금금금을 사는 비글 둥이를 키우는 애 셋 맘이다. 그런데 감사일기 75일 차, 그 부담스러웠던 금요일에 담담한 나를 발견하게 하셨다. 아이들의 사랑스러움에 더욱 눈뜨게 하셨다. 그동안 둥이들은 그저 찰거머리처럼 붙어서 나를 귀찮게 하고, 씻지도 못할 정도로 사람을 옴짝달싹 못 하게 하는 엄마 껌딱지들이라고만 간주했었는데……. 어느 순간 주님은 내게 아이들 마음을 읽어주는 지혜를 주셨다. 그러자 아이들이 조금씩 성숙하게 반응해오기 시작했고 내 마음도 점점 여유를 찾을 수 있었다. 감사일기 75일 차 저녁 시간, 양치하러 갔을 때 선둥이가 가짜울음으로 엄마를 소환하는 전략을 펼쳤다. 이전에는 짜증이 올라와 씻지도 못하게 하냐며 버럭 했을 텐데 이제는 여유 있게 칫솔 물고 웃으며 나와 "왜 어디 아팠어? 보자~"

로션으로 약인 양 발라주고 마음을 살펴주자 선둥이는 언제 그랬냐는 듯 엎드려 그림 그리기에 집중했다. 나는 평화롭게 양치를 마무리하고 얼굴도 씻을 수 있었다.

감사일기 75
▷ 감사 14

선둥이가 울면서 말할 때 울지 않고 말하는 것이라 알려주고, 다리를 다쳤다고 칭얼거릴 때 양치 중간에 나와 로션 발라주고 신경 써주는 지혜 주심 감사합니다.

마음과 몸의 건강한 힘이 생기면서 조금씩 더 아이들의 마음을 살피고 기다려 줄 수 있게 되었다.

'그래 그럴 수 있지.'

둥이들이 고집부리고 사람 미치게 할 때 같이 미치지 않고 밀당하게 하셨다.

"응 알겠어. 하지만 안 되는 건 안 돼!"

건강한 주도권을 가진 의연하고 유연한 엄마가 되고 싶었는데 조금씩 실천하게 하셨다. 억지로가 아니라 예수님과 함께 자연스럽게 물 흐르듯 인도해주셨다.

하나님은 정말로 어매이징하시다. 나는 감사일기를 쓰고 매우 짧은 시간 안에 책을 쓰게 되었다. 2020년에 희망퇴직을 한 나는 2021년 성경통독을 마치고 마음속에 주셨던 기도 제목 중 하나가 '직업을 주세요.'였다. 그런데 하나님은 크리스천 작가라는 행복한 직업을 주신 것이다. 작가수업이 끝나고 2주 안에 어떤 책을 쓸지 기획 완료하게 하셨고, 감사일기 50일 차에 에피소드별 키워드를 대략 정리하게 하셨으며 98일 차에 초고를 완성하게 하셨다. 심지어 56일 차에는 두 번째 책에 대한 아이디어까지 주셔서 현재 나는 두 번째 책도 준비하고 있다. 내가 아무리 머리를 싸매고 쥐어짠다고 아이들 셋 키우는 것도 버거운 일상에서 창조적 아이디어가 쉽게 나오긴 힘들다. 이런 창조적 에너지를 무엇으로 설명할 수 있을까? 나는 여호와를 경외하는 것이 지혜의 근본이라는 것을 다시 한 번 확인했다.

감사하면 할수록 주님이 나의 하루하루에 섬세하게 개입하여 일하고 계심이 더욱 피부로 와닿는다. 결과적으로 잘 먹고 잘살기에 감사한 것이 아니라, 놀랍게도 하나님께서 친히 내 인생의 세세한 부분까지 함께하시기에 감사하다. 사랑의 하나님께서 내 영혼에 가장 유익한 것으로 주시며 인도하시는 삶을 산다는 것, 이것을 매일 확인하고 주님께 감사할 수 있다는 것 자체가 기적이다. 할렐루야! 일상의 기적을 당신도 함께 누리면 정말 좋겠다.

Jesus DNA

이 책을 기획하는 2주 동안 온갖 시험에 시달렸다. 끝났나 해서 한시름 놓으면 스스로 또 허튼짓하고 실망감과 분노가 치솟으며 포기의 마음이 쑥 올라온다.

'이래서 책 쓰겠나?'

늘 간당간당했던 허리가 아프기 시작했다. 가뜩이나 컨디션이 안 좋은데 둥이들은 그 어느 때보다 더 악랄하게 떼를 부리고 고집을 피우며 내 속의 괴물을 깨웠다.

"이거 먹을 거야, 아니야 안 먹을 거야."

"옷 안 입을 거야, 싫어, 입을 거야. 징징"

"보라색 양말" 신기면 아니야 "회색 양말 신을 거야"

다시 신기면 "싫어 보라색 양말" × 3회!

청개구리 무한 반복에 매일 아침 등원 전부터 뚜껑이 열린다. 밥 먹고, 양치하고, 씻고, 옷 입고 지극히 당연한 일상 하나하나마다 다 태클을 걸고 둘이서 서라운드로 징징거리는데 미치고 팔짝 뛰겠다.

같은 시기 우리 천사 첫째, 초등학교 1학년이 되었다. 첫 2주간 멋지게 잘 적응해준 것만 해도 고마운데 비대면 방과 후 수업을 이것저것 다 듣고 싶단다. 배움의 욕심이 많음은 감사하나, 처음 시행되는 비대면 방과 후 수업이라 노트북 등 장비 문제와 일정 조율이란 숙제가 엄마에게 떨어졌다. 둥이들과 씨름하며 날이 서 있는 저녁 시간, 방과 후 선생님들과의 연락조차도 버거웠다. 분노 조절이 안 됐다. 결국, 그간 받았던 스트레스를 첫째에게 쏟아내고 말았다.

"스티커 언제 붙일 거예요?"

나는 아이들 저녁먹인 것 치우고 선생님들과 통화하고 문자 보내고 계좌이체 한다고 정신이 없었다. 첫째 아이가 보챈다고 생각했다. 성질을 팍 내니 눈물 뚝뚝 흘리며 속상해하는 그 모습에 더 열이 받아서 막 퍼부었다.

무서운 표정으로 "네가 그렇게 속상해하면 엄마가 더 속상해. 엄마가 오늘 지금 정신없이 바쁜 게 너 재미있게 배우라고 이거저거 알아본 건데."

첫째는 보챈 것이 아니라 기다린 것이다. 아이가 스티커를 만들고 나에게 붙여준다며 기다리면서 동생들로부터 스티커를 망가지지 않게 지켜낸다고 팔이 아프게 들고 있었단다. 한참을 기다리다 물어본 아이가 안쓰러웠다. 결국, 아이에게 사과하고 수제 스티커를 같이 붙이며 풀었다. 내면의 바닥을 보며 나는 정말 쓰레기구나! 다시금 확인했다. 아이들이 뭘 그렇게 크게 잘못했을까? 책을 쓰고 싶은데 진행이 되지 않고 집중이 어려웠다. 그냥 나한테만 집중하고 싶은데 아이들 뒤치다꺼리하다 보면 하루가 다 갔다. 육퇴(육아 퇴근)하면 남는 에너지가 거의 없었다. 둥이 재우다 같이 잠들기의 무한 반복이었다. 마음속 불만은 아이들에 대한 원망과 분노로 바뀌었다. 내 안에서 유혹의 속삭임이 들렸다.

"이렇게 할 거면서 책을 굳이 꼭 써야 해? 그냥 속 편히 관둬."

마음이 너무 어려웠다. 부담감과 조급함이 밀려오고 초조했다. 기적처럼 4주 만에 통독하고 감사일기를 쓰며 작가수업을 듣게 하셨는데 나는 또 진흙탕에서 구르고 있다. 누가 책을 쓰라고 억지로 시켰나? 마감기한이 있는 것도 아니다. 압박받을 이유가 없는데 마음이 조여 왔다. 여동생에게 간만에 카톡으로 하소연을 했다. 우리 둘 다 시험받는 시기를 보내고 있었다. 길고 긴 하소연 끝에 간신히 마음의 힘을 주셔서 의지적으로 기도하게 하셨다.

"우리를 긍휼히 여겨 주세요. 주님 우리를 긍휼히 여겨 주세요. 하루하루가 내적 외적 전쟁입니다. 홀로 싸우며 버겁지 않도록 우리 안에 계신 예수님을 붙잡길 원합니다.

　십자가 보혈의 은혜로 정말 아무것도 아닌 우리를 새 옷 새 영으로 입히시고 존귀케 하심을 믿습니다. 주님 이 시간 마음이 곤고한 동생과 저를 안아주시고 생명의 은혜로 새롭게 해주세요. 이 모습 그대로 주께 나가오니 씻어주세요.

　우리 구주 되신 예수님 이름으로 기도드렸습니다. 아멘."

짧은 기도였지만 예수님의 이름은 능력이 있다. 내 안에서 일하시며 생각을 바꿔 주셨다.

'그래, 아프지 않은 것, 건강하게 잘 노는 것만 해도 고마운 일인데 나를 귀찮게 한다는 것으로 아이들을 잡지 말자. 아이들은 이미 충분히 잘하고 있다. 배워야 할 부분이 있다면 반복적으로 단호하게 일러주되 아이들에게 분노를 폭발하지는 말자. 결국, 내가 부정적 감정을 터뜨리면 아이들은 불안하고 상황은 더 악화하며 부정적 감정이 우리 가정을 지배하게 된다. 주도권을 예수님께 드리자. 후히 주시는 그분께 지혜와 사랑을 구하자.'

그리고 성경통독 때 마음에 주신 야고보서 1장 말씀을 되새기게 하셨다.

2 내 형제들아 너희가 여러 가지 시험을 만나거든 온전히 기쁘게 여기라

3 이는 너희 믿음의 시련이 인내를 만들어 내는 줄 너희가 앎이라

4 인내를 온전히 이루라 이는 너희로 온전하고 구비하여 조금도 부족함이 없게 하려 함이라

5 너희 중에 누구든지 지혜가 부족하거든 모든 사람에게 후히 주시고 꾸짖지 아니하시는 하나님께 구하라 그리하면 주시리라

6 오직 믿음으로 구하고 조금도 의심하지 말라 (이하 생략)

어제는 욕을 퍼부으며 억지로 등원시켰던 것과 전혀 다른 풍경이 오늘 아침 펼쳐졌다. 오늘도 아이들은 아침부터 칭얼칭얼 내 뚜껑 열릴 수도 있는 위태위태한 분위기를 조성했지만, 예수님께서 마음의 힘을 주신 것이다! 물론 그 과정은 땀이 뻘뻘 날 정도로 쉽지 않았다. 나는 우선 화를 꾹 참고 탈것 덕후인 둥이들을 빠방 구경으로 꾀어서 유모차에 태웠다. 주차장 2개 층을 돌며 투어가이드로서 친절하게 각 차량의 색깔과 특징을 읊어드리고 끝까지 폭풍 칭찬하며 어린이집에 들여보냈다. 후둥이 표정이 '오잉! 무슨 일이지?' 싶으면서도 울음을 그치고 잘 들어가 주어 고마웠다. 이렇게 어제와 오늘 아침의 나는

180도 다른 인격의 사람처럼 굴었다. 결국, 은혜가 있고 없고의 차이, 예수님을 의지하느냐 아니냐의 차이다. 주님이 함께하실 때만 소망이 있다. 나의 생명 되신 여호와여 내가 주님을 찬양합니다! 문득 늘 나를 위해 기도해주시는 동역자인 외숙모께서 해주셨던 말씀이 생각난다.

"안타까운 마음으로 너를 위해 기도하는데 마음속에서 너에게 예수님 DNA가 있다는 사실을 느끼고 마음이 진짜 편해졌어. 우리는 이미 이긴 싸움을 싸우고 있어. 힘내자!"

아이들과의 폭풍 같은 갈등이 점차 잠잠해지다 우리 가족 모두 감기에 걸렸다. 남편 증상이 가장 심했고 나만 비교적 정상 컨디션이었다. 새벽까지 책 작업하고 아이들 열체크하고, 그 와중 첫째는 잠꼬대로 "엄마 사랑해요." 한다.

가슴이 뭉클하고 고마웠다. 정말 힘이 났다. 책에 담을 에피소드를 정리한 기간이어서 남편이 나 대신 아팠나 싶기도 하다. 그를 위해 더욱 기도해야겠다. 책의 전체적인 목차 소제목 작업을 한 다음 날 진짜 시원하게 쾌변케 하셨다. 빅똥의 은혜. 영혼과 육체를 새롭게 하신단 뜻인가?! 그런데 막상 달려야 하는데 밑도 끝도 없이 피곤하다. 둥이 잘 때 따라 자고 숙면했는데도 계속 자고만 싶다. 이를 어쩐다……

시험의 양상이 변한 것이었다. 처음에는 자녀와의 갈등으로, 그다음에는 내면의 어려움으로 공격해왔다. 예수님의 이름으로 물리치니 이번에는 한없이 약한 내 육체에 피곤함을 불어넣는다. 그래도 내가 사부작사부작 에피소드 정리를 해나가자 이번에는 나의 게으름과 귀차니즘을 물고 늘어진다. 놀고 싶은 내 욕구를 건드린다. 결국, 나는 넘어졌다. 소제목별 에피소드를 정리해도 시간이 모자랄 판에 밤새 웹툰을 보고, 웹 소설을 읽은 것이다. 자신에게 너무도 실망스러웠다. 하지만 여기서 포기하지 않고 깨닫게 하셨다. 사단이 나를 자기 정죄로 꼼짝 못 하게 발목 잡으려 하고 있다는 것을! 이해 가능한 물리적 요인 대신 나의 어이없는 행동으로 자신을 탓하도록, 죄책감을 느끼게끔 만든 것이다. 얼마나 교묘한 전략인지.

"사기꾼들아 어림없지! 예수님의 이름으로 명하노니 꺼져라!!!"

나에 대한 실망은 잠시, 가볍게 인정하면 된다. 자기 비하의 수렁에 빠지지 말자. 그리고 예수님을 붙잡고 가면 된다. 그러면 결국, 해내게 하시고 명확한 사실을 깨닫게 하신다. 나는 자녀들 때문에 책을 쓰지 못했던 것이 아니고 자녀들 덕분에 책을 쓰게 되었다!

우리 안의 예수 DNA, 우리는 이미 이긴 싸움을 싸우고 있다. 시험을 기쁘게 여기며 부족함 없도록 후히 주시는 예수님께 믿음으로 구하며 앞으로 나아가자!

선 지르기, 후 수습

나는 복잡한 것이 싫다. 빠른 실행을 좋아하고 아니다 싶으면 포기도 빠르다. 그런데 주님께 지르는 건 포기할 수 없게 하신다. 정말 큰 은혜다.

"부활절까지 영어 성경 일독할래요. 예수님께 선물로 드리고 싶어요."

매일 설거지하면서 NIV 영어 성경을 들었다. 결과적으로 나는 부활절까지 영어 성경 1독을 완료하지는 못했다. 사실 내가 계획한 모든 일을 꼭 일정에 다 맞출 수는 없다. 그리고 무엇보다 내가 정한 그 일정을 맞추는 것이 궁극적 목표가 되어버리면 갑자기 피곤해지고 더 하기 싫어진다는 것을 수많은 지르기와 실패를 통해 배웠다. 다만, 무엇이든 지르면 하게 되고, 하면서 깨닫게 하시는 바가 있다. 아무것도 하지 않고 멍하니 손 놓고 있는 것보다 훨씬 유익하다. 결국, 나는 부활절 이후 기쁨의 50일 동안 영어 성경 일독을(일청—聽이 더 정확한 표현이겠다) 이어 나갔다. 이 책을 쓰면서도 마찬가지였다.

"주님께서 책 쓰라고 자연스럽게 인도해주셨지요? 예수님 기쁘게 해드리고 싶어요. 쓸게요."

"주님, 책 쓰려 하는데 개인 노트북이 없네요. 주세요."

"어랏, 30만 원대 가성비 좋은 노트북 정보 주셨네요! 아멘, 고민 없이 바로 지릅니다."

담대한 믿음의 선포와 단순한 실천이 바보 같아 보일지 모르지만, 이것이 내 인생 가장 강력한 무기다. 주님이 주신 사인에 바로 믿음으로 순종하기!

나는 심한 손, 발, 겨드랑이 다한증 환자다. 수족 다한증은 치료를 포기하고 불편을 감수하며 지냈다. 겨드랑이는 봄에서 여름으로 넘어가는 시기에 보톡스 치료를 일 년에 한 번씩 해왔다. 올해는 감사 일기 82일 차에 늘 가던 피부과에서 주사를 맞았다. 의사 선생님은 원래 말을 많이 하시는 편은 아닌데 이번에는 유독 이런저런 이야기를 많이 해주셨다. 알고 보니 선생님 자녀분도 다한증이어서 최근 다양한 정보를 많이 접하신 것이다. 메모지에 집에서 쓸 수 있는 치료 기기와 원래 위장약이지만 사람에 따라 다한증에 효과가 있는 먹을 수 있는 처방 약 이름을 적어주셨다. 쪽지를 주시면서 유튜브 영상도 찾아보라고 하셨다. 선생님께서 내 겨드랑이 피부에 촘촘히 무한 반복으로 주삿바늘을 찌르며 나누었던 이 대화가 나는 참 감사했다. 그 순간의 고통에 조금은 덜 집중할 수 있었다. 무엇보다 나의 심한 다한증으로 인한 불편함을 가족이 아닌 타인과 편하게, 심지어 공감받으며 대화를 한다는 것만으로도 마음이 치유되는 기분이었다.

'이거 심상치 않은데……..'

주님이 주시는 사인의 촉이 왔다. 집에 돌아와 설거지하며 유튜브에서 해당 기기 이름을 검색해 나오는 영상들을 건성건성 보며 사용법을 익혔다. 그리고 마침 할인판매 중이고 크게 비싸지 않은 가격이라 바로 주문했다. 기계가 해외에서 집으로 배송되어 오기에 시간이 좀 걸렸다. 그런데 신기하게도 기계를 기다리는 동안 땀이 줄었다! 어쩌면 감사일기 60일 차부터 시작한 주 3회 운동의 순기능으로 서서히 땀이 줄고, 피부과에서의 대화를 기점으로 심리적인 어려움이 해소되면서 더 극대화된 것이 아닐까 싶다. 심지어 손은 바싹 말라서 정전기가 날 정도였다. (물론 긴장되는 순간에는 땀이 나기도 했지만) 치료기를 배송 받고 바로 발부터 사용해보았다. 며칠 사용해보니 신기하게 땀이 안 났다. 그간 한으로 남았던 '맨발로 신발 신기'를 할 수 있었다!

나는 정말 손발 다한증 치료는 기대하지 않았다. 여러 가지 치료법을 시도했었고 거듭 실망했었다. 기대하면 스트레스만 더욱 커지기에 그냥 마음을 비우고 살았으니 따로 정보를 알아보지도 않았다. 선생님이 자세히 알려주시지 않았다면 이런 셀프치료기가 있는지도 몰랐을 것이다. 얼핏 어디서 이 기계 이름을 들었던 것도 같은데 그때는 왜 셀프치료기라는 것을 인식하지 못하고 집중해서 살펴보지 않았을까? 왜 선생님은 평소보다 많이 말씀해주시고 쪽지까지 써주셨을까? 그간 수차례 치료를 받으러 갔는데 왜 이번에는 더 적극적으로 알려주셨을까? 이 글을 쓰는 지금 내 손은 뽀송뽀송하다. 원래 키보드에 땀이 흘러 얼룩지는 날이 많았고 내 손바닥의 땀 때문에 노트북이 고장 나지 않을까 걱정했던 나였다. 이건 단순히 치료기 효과가 좋다고만 설명할 수 없는 상황이다. 하나님이 만드신 극적인 반전이다. 이 신기한 상황을 겪으며 여동생에게 메시지를 보냈다.

"뭔가 기계 치료 시작 전 그 정보를 접하고 의사 선생님이 이것저것 얘기해주실 때부터 마음이 힐링 돼서 땀이 덜 나는 느낌이 들더라고…… 자율신경계 문제라 복합적 작용인 것 같고 이 모든 게 우연인 듯 보이지만 하나님이 세세히 개입하신 은혜인 것이 분명해서 정말 감사해."

내 40년 인생, 그 안의 울고 웃는 일상을 모두 종합해 사용하시는 하나님께 감사하다. 날이 선선해지면서 게으름이 발동해 안일해지고 운동과 치료기 사용을 멈췄더니 어느 순간부터 다시 땀이 많이 난다. 이 경험을 통해 나에게 다한증은 '완치는 안 되지만 경도를 조절하는 것에 도전할 수 있는 질병'이란 것을 명확히 알게 하셨다. 결국, 평생 자신의 몸에 관심을 가지고 돌보며 관리하라는 뜻이라 이 또한 감사하다. 나는 정보의 홍수가 참 싫다. 간결한 삶이 좋다. 내가 머리 아프게 고민하고 계획하지 않아도 주님께서 알아서 가장 좋은 것으로 주신다. 이제 모든 염려와 불안은 예수님께 맡기고 참 평안을 누리자. 그리고 가장 유익한 것으로 주신다는 믿음의 선포와 즉시 순종으로 뚜벅뚜벅 우리 인생길을 담대히 걸어가자. 그 길 위에서 흥미진진하게 펼쳐지는 주님의 놀라운 은혜를 발견하고 감사하며 기쁘게 누리자.

S.P.O.T 감사

자, 이제 우리는 단순하게 실천하면 된다. 이번 장을 함께 채워가며 주님께 아부해보자.

먼저, 내가 매일 주님 앞에 올려드리고 싶은 기도와 찬양이 무엇인지 생각해보자.

지금! 글로 써보자. 그저 '하나님 감사합니다. 감사합니다. 감사합니다.'여도 좋다.

나는 감사일기를 100일간 쓰면서 아래와 같이 매일 그날의 일기를 시작했었다.

예시)

하나님 감사합니다.

하나님 사랑합니다.

하나님 찬양합니다.

우리 선둥이 주님이 고치심을 믿고 감사합니다.

아이들 주님의 자녀이며 주님께서 키우시니 늘 평안하고 감사합니다.

그리고 하루하루 감사할 제목들을 '감사 1, 감사 2, 감사 3'과 같이 번호를 붙여 나열했다. 너무도 지치고 힘든 하루를 보내는 날은 '도대체 무엇을 감사하란 말이지?'라는 생각을 할 수도 있다. 나 역시 그런 날은 의지적으로 감사를 짜내서 쓰기도 했다. 그 과정에서 발견한 나만의 꿀팁을 공개하려 한다.

이른바 "SPOT 감사로 은혜 찾기"

여기서 spot이란 단어를 옥스퍼드 영한사전에서 찾아보면 발견하다, 찾다, 알아채다(특히 갑자기 또는 쉽지 않은 상황에서 그렇게 함을 나타냄)으로 정의되어 있다. 정말 딱 맞는 표현! 우리는 감사를 통해 주의 은혜를 발견하고 찾고 알아채는 것이다. 그리고 S, P, O, T는 각각 아주 아름다운 뜻을 품고 있다.

1) Simple _ 단순하게 감사해요

: 앞에 예를 들었던 것처럼 나는 항상 나만의 감사 헤드라인으로 감사일기를 시작했다.

'하나님 감사해요, 사랑해요, 찬양해요.' 어떤 이유도 설명도 필요 없다. 묻지도 따지지도 않고 감사하는 것이다. 우리를 창조하신 목적,

하나님을 사랑하고 찬양한다는 것이다. '~~을 해주셔서 감사합니다'
라는 구체적인 내용은 일상 가운데 보여주시는 것을 발견해서 쓰면
된다. 일단 단순하게 하나님께 감사하며 시작한다. 그냥 '하나님 감사
합니다'도 좋다. 기왕이면 여러 번 '감사합니다'를 붙여보자. 더 진심
인 느낌이 들지 않는가? '하나님 감사합니다. 감사합니다. 감사합니
다.' 나만의 심플한 감사 캐치프레이즈를 만들어보자.

나만의 감사 캐치프레이즈 써보기

_____

_____

_____

2) Pray _ 가장 선한 것 주심을 믿고 미리 감사로 기도해요

> "너희 중에 고난을 당하는 자가 있느냐 그는 기도할 것이요 즐
> 거워하는 자가 있느냐 그는 찬송할지니라"(야고보서 5:13)

이 말씀에 의지해 나는 내가 겪고 있는 고통을 시기별 기도 제목
으로 삼아 주님께서 가장 좋은 것(그것이 Yes 혹은 No 혹은 Wait, 어떤 것
이든지 나에게 가장 선한 것)으로 주심을 믿고 미리 감사했다. 예를 들자

면 '선둥이가 참는 변비로 고통 받고 있는데 주님께서 고치심을 믿고 감사합니다.'를 늘 적었고 때때로 필요한 것들을 구하고 감사했다. 현재 내가 가장 힘든 것은 무엇인가? 절실히 필요한 것은 무엇인가? 미리 감사하며 구하자. 분명 주님은 나에게 가장 유익한 것으로 응답하신다.

나의 기도 제목

_____

_____

_____

"믿고 감사합니다."

3) Open _ 솔직해요

나를 만드신 주님 앞에 가식은 필요 없다. 괜찮은 척, 멋진 척할 필요 없이 그냥 있는 그대로 인정하면 된다. 힘든 날은 힘들다 징징거리면 된다. 이건 정말 유익하다. 나는 감사를 쥐어짠다는 표현을 했는데 특히 자신에게 실망한 날은 정말 감사하기가 어려웠다. 그날그날 나는 다중인격자처럼 정말 다른 사람이었다. 그래도 괜찮다. 주님은 다 아신다. 내가 감사하기 위해 얼마나 분투하는지 다 아신다. 나를 놔버리고 싶다가도 정신 차리고 감사하며 나머지 하루를 망치지 않기 위해 노력하는 모습을 기뻐하신다. 정해진 형식은 없다. 그저 하루하루 솔직하게 내 바닥까지 다 드러내어 쓰고 내 약함을 자랑하라 하신 하나님의 사랑을 온전히 받아들여 감사하면 된다. 감사일기 100일이 다 되어가도록 내가 얼마나 왔다 갔다 했는지 부끄럽지만 공개한다.

93일 차 감사일기

▸ 감사 1

촉촉한 새날 주심 감사합니다. 차분한 날씨처럼 아이들에게 소리 지르지 않고 조곤조곤 이야기하게 하시니 감사합니다.

(이하생략)

이렇게 감성 돋게 감사해놓고도 다음 날 나는 다른 사람이었다.

94일 차 감사일기

▸ 감사 1

아침부터 화가 나고 아이들이 버겁고 소리가 높았음을 반성하고 아이들 데리고 나가 산책하고 놀이터에서 놀게 하시니 감사합니다.

(이하생략)

4) Trust _ 믿어요

이게 핵심이다!! 감사일기를 쓰며 주님이 현재 내 삶 가운데 주신 좋은 것들을 깨알같이 발견하며 누릴 뿐만 아니라, 어렵고 고통스러운 일들 가운데에서도 주님의 선하심을 굳게 믿고 감사를 선포하는 것이다. 가장 좋은 것을 주시며 모든 의도가 선하신 주님을 믿습니다!

꿀팁

전투 육아를 하며 차분히 앉아 손글씨로 적을 수 있는 상황이 드물어 나는 밴드(BAND) 애플리케이션을 활용해 감사일기를 쓴다. 수정 편집이 쉬워서 가능하면 아침에 눈뜰 때부터 그날 감사일기를 쓰기 시작해서 일상 중간중간에 떠오르는 감사 제목들을 틈틈이 쓰고 자기 전에 마무리한다. 한번에 모아서 쓰려면 기억이 나지 않기도 하기 때문이다. 감사가 떠오른 순간을 놓치지 않고 적다 보면 그날의 감사가 얼마나 풍성한지……. 정말 좋은데 이걸 어떻게 말로 표현할 수 있을까? 직접 해보면 알 것이다. 수첩에 손글씨로 적어도 좋다. 어떤 형태이든 내가 하나님께 쓰는 러브레터니까 내 맘대로 하면 되는 것이다.

◆ Part 5 ◆

정답은
하나!
은혜로구나

오늘
은혜로 오늘을 산다

도보 등원,

참 너무도 당연하고 쉬운 이 말이 나는 참 힘들었다. 반대 방향으로 럭비공처럼 튀어가는 둥이들을 한 번에 몰아서 어린이집까지 가는 길. 너무도 고되고 버겁다. 말 그대로 out of control!! 에너지 넘치는 아이들을 유모차로 가둬 등·하원 하는 것이 미안해서 굳은 결심을 했다. 다행히 차가 다니지 않는 단지 내 길로 이동하는 거니까 도전해보자.

내가 미쳤지. 가는 길목 마주치는 놀이터들, 그냥 지나칠 리 없다. 한 녀석은 그네, 한 녀석은 미끄럼틀. 두 분의 요구가 다르시다. 선둥이는 그네에 올려주고 후둥이는 미끄럼틀에(하필 왜 높고 계단 없는 위험한 그 미끄럼틀만 좋아하는지) 올려주고 전담 마크. 선둥이는 벌써 그네 밑으로 떨어졌는데 후둥이 내려올 생각 없이 미끄럼틀 위에서 여기저기로 장난기 어린 미소를 날리며 숨어버린다. 쓰읍 후후, 숨 좀 고르고 겨우 수습해서 내려놓으니 사방으로 흩어져 한 명 찾으면 다른 한 명이 없다. 말 그대로 "오마이갓! 주여~~" 심지어 공사하는 곳도 있어서 장비가 여기저기 널려 있고 위험하기 짝이 없다. 등원 전 40분씩 놀고 흙투성이가 된 아이들을 질질 끌어다 억지로 어린이집에 데려갔다. 후……. 진짜 땀나고 애가 탄다. 늦는 건 괜찮은데 다칠까 봐, 잃어버릴까 봐 마음이 어지럽다. 겨우 들여보내고 뒤돌아서 나오는데 머리가 멍하다. 당장 오늘 하원은 어떻게 하지? 내일 등원은?

도보 등원 첫날 마태복음 6장 34절을 읽게 하셨다.

"그러므로 내일 일을 위하여 염려하지 말라 내일 일은 내일이 염려할 것이요 한 날의 괴로움은 그날로 족하니라"(마태복음 6장 34절)

그래, 내일 일은 내일이 염려하겠지 아놔~~ 진짜 아무것도 모르겠다. 알아서 해주세요. 마음을 비우고 하원 시키러 갔는데 웬걸 생각보다 한 방향으로 잘 따라오는 것이다. 오 이 정도면 할 만하겠는데. 앗싸!

다음 날, 어제보다는 가벼운 마음으로 대문을 나섰다. 그런데 이 녀석들 "에헤헤" 웃으며 나를 홀리더니 어제 아침보다 더 빠른 속도로 눈앞에서 사라졌다. 생각보다 쌀쌀한 아침 공기에 빨리 등원시켜야지 했는데 오랫동안 밖에서 씨름하게 되었다. 온갖 데를 탐색하고 넘어지고 울면서 엄마 부르고 난리 블루스를 추다 꾸역꾸역 겨우 어린이집으로 들어갔다. 내 몸과 멘탈은 아침부터 너덜너덜…….

주님, 이거 계속할 수 있을까요? 3일간 사력을 다해 노력했다. 아이들은 감기에 걸렸고 안전상 아직은 무리다 싶어 결국 접어놓은 유모차를 다시 풀었다. 짧은 시도였지만 깨닫게 하신 바가 있다. 내일 일에 대해 염려하지 않으면 주님께 맡기고 시도할 용기가 생긴다는 것이다. 1학기 초 버겁기만 했던 도보 등원이 2학기로 넘어가며 수월해지기 시작했다. 일단 아이들 언어가 폭발적으로 발달해 '대화'라는 것을 할 수 있어 아이들의 마음을 읽어주었다. 쉽지는 않지만 두 명의 요구사항을 내가 할 수 있는 선에서 위험한 것을 제외하고는 최대한 맞춰 줬다. 등·하원길이 항상 평안하진 않지만 그래도 이제는 계절의 변화, 시간에 따른 풍경의 변화를 함께 관찰하는 귀한 시간이 되었다. 후둥이에게 내가 단풍잎이 떨어진 나뭇가지를 가리키며 질문을 했다.

"이제 빨갛게 노랗게 물든 나뭇잎이 다 떨어져서 없네. 나무가 추워서 어떻게 하지?"

"진짜 없네. 어떻게 하지……. 음, 따뜻한 물 마셔야 해!"

후둥이의 귀여운 대답에 빵 터졌다. 도보 등원 버겁던 것이 불과 몇 달 전인데 정말 할렐루야다 하나님은 나에게 필요한 말씀을 늘 반복적으로 보여주셨다.

> "그런즉 너희는 먼저 그의 나라와 그의 의를 구하라 그리하면 이 모든 것을 너희에게 더하시리라" (마태복음 6장 33절)

이 말씀은 결혼 준비를 할 때 함께 기도하던 여동생을 통해 마음에 강하게 주셨던 말씀이다. 그리고 그 이후 두 번째 회사 이직 전 프리랜서로 활동하는 동안 마음이 어려울 때도 이 말씀으로 내면을 만져주셨다. 신기하게도 이 책을 쓰면서 조바심이 올라올 때마다 지속해서 마태복음 6장 33절과 34절을 번갈아 보여주시거나 두 구절을 한꺼번에 보여주셨다.

여기서 '먼저 그의 나라와 그의 의를 구한다.'라는 것이 무엇일까? 각기 다른 상황에서 동일하게 주신 이 말씀을 성령님은 내게 '예수님 그 자체를 구한다.'라는 뜻으로 받아들이게 하셨다. 내 필요에 앞서 예수님을 먼저 바라고 구할 때 믿음을 주셔서 염려하지 않을 수 있다는 것이다. 그날의 괴로움은 그날로 족하다!!! 오늘 주신 은혜로 오늘 하루를 살자!

4주간 통독을 하며 요한복음 말씀을 사모했다. 통독 완료 후 영어 성경으로도 다시 한 번 들었다. 신학지식은 없지만, 마음의 감동이 있어서 그냥 요한복음이 좋았다. 그러면서도 요한복음 1장의 비밀을 몰랐다. 내 이름의 뜻이 요한복음 1장 16절에 있었다니!

태어난 지 40년 만에 사순절 4 복음서(마태복음, 마가복음, 누가복음, 요한복음) 통독을 하며 새롭게 발견하게 하셨다.

> "우리가 다 그의 충만한 데서 받으니 은혜 위에 은혜러라" (요한 복음 1장 16절)
>
> "From the fullness of his grace we have all received one blessing after another."

'은혜 위의 은혜'가 무엇을 의미할까? 은혜의 자리에 또 부어주시는 은혜.

내가 영어 성경으로 이해한 뜻은 '예수님의 은혜가 가득하여 우리는 모두 잇따른 축복을 받고 있다.'라는 것이다. 그렇다. 하나님의 은혜는 한 번 꽉 화끈하게 부어주시고 이제 그냥 네가 알아서 살거라 내버려 두시는 무관심한 속성이 아니다.

예수님의 은혜는 풍성하여 퍼도 퍼도 마르지 않는 샘과 같이 우리 모두에게 매일매일 새로운 은혜로 연이어 부어주신다. 얼마나 위로가 되는 따뜻하고 섬세한 보살핌인지 모른다. 나는 실제로 고아지만, 아버지 되신 하나님께서 나를 고아와 같이 버려두지 않고 나와 내 동생들, 우리 가정을 책임지신다고 하셨던 말씀이 은혜 위에 은혜로 다가왔다. 매일 매일 끊이지 않는 축복으로 내 인생을 보살펴 주신 예수님의 은혜. 어떻게 그 은혜를 발견할 수 있었을까? 밥을 먹지 않으면 힘이 나지 않듯, 매일 영의 양식을 먹어야 험난한 세상에서 마음과 생각을 지켜 싸워 이길 수 있다. 말씀의 검이 짱이다. 불만과 실패감에 휩싸여 불안에 떨며 두 눈이 어두워지면 매일 새롭게 부어주시는 은혜를 놓치게 된다. 이미 내 손에 보석이 있는데 발견하지 못해 가난에 허덕이는 내 인생은 너무 안타깝지 않은가? 말씀으로 무장하여 다 베어버리자! 내 인생을 어둠으로 쳐 넣는 모든 부정적인 감정과 생각들 꺼져라!

오늘도 집중이 되든 안 되든 성경책을 편다. 책으로 볼 수 없으면 스마트폰 애플리케이션으로 듣는다. 유튜브에서 설교 말씀을 찾아 듣고 찬양을 들으며 마음의 예배를 드린다.

감사일기를 쓰며 주님께서 함께해주신 오늘 하루의 은혜를 세어본다. 누가 검사하는 것도 아닌데 왜 이렇게 할까? 내가 살기 위해서 하는 것이다. 집중이 잘되고 말씀이 팍팍 마음에 꽂히고 감격의 감사가 흘러나오면 좋겠지만 우리의 실제 삶은 녹록지 않고 때로 상당히 팍팍하다. 그래서 훈련이 필요한 것이다. 말씀은 튕겨 나가고 꾸역꾸역 감사를 올려드릴 때도 있지만 매일 주님 근처에 얼쩡거리는 것이 중요하다.

의지적으로 매일매일 하다 보면 어느 순간 능력 있는 습관으로 자리 잡아 조금은 더 수월하게 나아갈 수 있다. 그렇게 하루하루 훈련

하며 견디면 도저히 불가능할 것 같았는데 조금씩 예수님을 향해 가는 나를 발견할 수 있다. 어제 내가 어떠했는지는 중요하지 않다. 오늘 지금 나와 주님의 거리, 나는 주님께 모든 방법을 다해 가까이 가고 있는지? 우리 함께 주님께 가까이 가자. 그것이 우리가 살길이다.

내 안의 괴물,
넌 누구냐?

제목: 나의 엄마

(사랑해요. 엄마 뽀뽀 ○○가 만들었어요)

나의 엄마는 착한 엄마예요.

가끔은 무시무시한 괴물로 변한 적도 있지요.

하지만 네가(내가) 잘못하지 않으면 나에게는 착한 엄마예요.

나랑 엄마랑 싸우면 조금 있다가 서로 사과해요.

저는 엄마가 좋아요.

저에(의) 마음속이 불편하면 엄마한테 말해요.

어느 날 저녁 선둥이 엉덩이가 또 해졌다. 아직 참는 변비가 진행 중이라 간신히 일상이 유지되고 있는데 이렇게 불쑥불쑥 엉덩이가 해질 때면 우리 부부는 멘탈도 마음도 무너진다. 엉덩이에 묻은 똥을 욕실에서 씻기는데 따가워서 벌리지 않으려는 아이와 실랑이하고 겨우 닦아 약을 발리기까지……. 여러 번 반복해 왔지만, 너무 속상하고 마음이 평안하기 힘든 순간이다. 격앙되어 있는 나에게 초등학교 1학년 첫째가 만들어준 카드였다.

"엄마 나중에 자기 전에 읽어봐요."

읽지도 못하고 겨우 씻긴 선둥이와 후둥이를 챙겨 재우며 나도 쓰러져 자기 바빴다. 다음 날 아침 아직도 첫째가 놓아준 위치 그대로 있던 카드를 보고 서운해 했다.

"엄마 안 읽었어요?"

그제야 읽고 여러 가지 생각이 들었다.

'그래, 네 말이 맞아! 진짜 엄마 무시무시한 괴물로 변할 때 있지?'

'그래도 가끔이라고 해줘서 다행이고 고맙다. 그리고 기본 전제를 착하다고 해주고 엄마를 좋아 해주고 속을 터놓고 이야기할 대상으로 생각해줘서 정말 고마워. 다행이야 정말.'

첫째가 둥이들 키우며 악악거리는 나를 보면서 어떤 생각을 할까 가끔 궁금했고 사실 두렵기도 했다. 기본을 사랑으로 깔고 건강하게 해석하며 나에게 다가와 준 첫째, 참 감사하다.

아이들을 키우면서 특히 쌍둥이 아들들을 키우면서 때때로 내 속의 괴물이 불쑥불쑥 튀어나와 깜짝 놀라곤 한다. 내가 이렇게 큰 소리로 말하는 사람이었나? 내가 이렇게 욕을 할 수 있는 사람이었나?

찰나에 엉덩이 스매싱과 꿀밤을 딱 때릴 수 있는 잔인한 사람이었나? 굳어 있는 표정과 허리에 걸쳐있는 손, 거친 숨소리. 위험하다. 괴물로 변신할 징조인데…….

나는 샤워를 자주 해야 한다. 안 그러면 분노가 증폭되고 이때 다한증과 콜라보하면 아주 완벽히 환장한다. 매일 주시는 은혜가 적지 않고 크다. 명백하게 말씀을 통해 보여주신 바가 많고 동역자를 통해 격려 받게 하셨음에도 왜 바락바락 소리 지르고 둥이들에게 화가 뻗칠까? 《천로역정》에서 답을 찾게 하셨다.

> "우리의 의는 다 더러운 옷 같으며"(사 64:6)
> "나의 가장 선한 행동 속에도 죄가 숨어 있어서 내가 얼마나 무력한지를 절실히 깨달았기……. (이하 생략)"

매일 말씀을 접하고 적지 않게 주님에 대해 생각하지만 결국 나의 행동, 행위를 통한 의는 정말 무력하기 짝이 없다. 존 번연이 쓴 것처럼 그 선하다 여긴 행동조차 그 안에 죄 된 모습이 쏙쏙 끼어있다. 아이들에게 소리 지르고 겁주고 차갑게 거절하며 무안을 주는 것이 나다. 나의 죄 된 모습이다. 솔직히 아이들이 짜증나고 버겁다. 나 좀 건드리지 않았으면 좋겠는데 수시로 핥고 만지고 툭툭 치고 열 받게 한다. 자기들 딴에는 애정표현인데 나는 싫다. 그냥 건드리지 않았으면 좋겠다. 그리고 왜 그렇게 서로 싸우는 거지? 왜 그렇게 말도 안 되는 거로 고집을 부리고 이랬다저랬다 사람을 똥개 훈련시키는 걸까? 진절머리가 나서 표정 관리가 안 된다. 그 와중에 손발 겨드랑이에서 땀이 나면 미친다 미쳐. 그런데 이런 생각이 든다. 둥이들이 거짓 울음으로 징징거리고 고집부리고 변덕 부리는 이 모든 모습이 어쩌면 다 나한테 있을지 모르겠다. 내가 예수님에게 딱 이럴지도 모르겠다! 아니면 더할 수도 있다.

은혜가 아니면 정말 나는 폭력 엄마가 될 소지가 다분하다. 육체적 · 정신적 학대를 충분히 하고도 남을 인간이다. 나는 내가 제일 중요한 사람이고 내 몸이 불편한 걸 못 견딘다. 하아……. 이런 나에게 왜 아이를 셋이나 주셨을까? 첫째 키우는 것이 수월했기에 둘째에 대해 다소 긍정적이었던 것 같다. 이럴 줄은 몰랐던 거지. 사실 둥이들이 나를 심하게 힘들게 하는가 따져보면 보통 남자애들 미운 짓 하는 수준일 것 같다. 둘을 동시에 수발들어야 해서 버거운 건 인정한다. 때때로 사랑스러운 모습도 많이 보여주고 실제로 귀엽고 예쁘게 생긴 아름다운 피조물이다. 주님의 작품인데 내가 맘대로 천대하는 것 같다. 잘 맡아서 키워야 하는데 도저히 내가 할 수 없다. 진짜 내 영역이 아니란 생각이 든다. 주님이 주셨으니 책임져 주세요.

이런 내가 책을 쓰고 있다. 그것도 하나님 은혜에 관해 쓰고 있다. 그렇지 맞아. 은혜 아니면 쓸 수가 없지. 아직도 쉽게 분노하고 금방 지치고 이기적이기 그지없는 내 모습이 너무도 지긋지긋하다. 내가

뭐라고, 성경통독 한 번 했다고 감사일기 좀 썼다고 바로 다른 사람
이 될 수 있을까? 온전히 주의 은혜라는 것을 알면서도 어느 순간 내
의를 내세우고 싶은 천박함이 있다. 이것이 나이다. 이런 사람이 책을
쓰게 하시니 이게 기적이 아니고 뭘까?

이제는 실망하기보다 웃고 넘긴다. 그리고 감사한다.

"맞아요! 주님, 나는 주님 아니면 아무짝에도 쓸모없어요. 때때로
튀어나오는 내 속의 괴물들이 너무 부끄럽고 싫지만 그래도 포기하
지 않을래요. 주님은 살아계시고 내 안에 함께하시니 예수님께 시선
을 고정합니다!!!"

함께의 힘

    나에게 여동생은(나보다 4살이나 어리지만) 때로는 언니 같고 친구 같은 존재다. 캐나다에 살던 여동생이 우리 가족 교통사고 몇 달 뒤 한국에 왔다. 그런데 갑자기 어이없이 다리를 다쳐 계획했던 여행도 못 가고 꼼짝없이 발이 묶였다.

    다리가 어느 정도 회복된 후 동생은 우리 집에서 꽤 긴 시간을 나와 함께 지냈다. 약 한 달 정도 같이 지낸 여동생을 통해 나는 큰 위로와 치유를 받았다. 사실 나는 그때 무기력감이 엄청 심하고 내면도 너무 어두워서 나쁜 생각이 많이 올라오던 시기였다. 살라고 여동생을 보내셨던 것 같다. 여동생과 같이 도수치료도 받으면서 교통사고로 심하게 굳었던 왼쪽 어깨도 풀고, 몸과 마음의 건강에 대해 돌아보게 하셨다.

    동생은 사실 우리 집에 있는 동안 거의 매일 선교의 마음으로 부엌에서 살았다. 본인 다리를 다치고 회복된 지 얼마 안 되었음에도 부엌에서 꽤 긴 시간 서서 신선한 재료로 요리를 만들어 나와 남편에게 대접해 주었다. 우리 엄마의 기똥찬 요리 재능 유전자가 여동생에게만 몰방(?) 되었던 사실을 다시 한 번 확인했다.

동생이 함께했던 시간을 통해 우리 가정의 아침 풍경이 달라졌다. 아이들 등원시키고 집에 오면 우선 경쾌한 재즈 피아노 찬양을 틀었다! 환기도 시키고 침대도 정리하고, 이것만 해도 기분이 새로웠다. 함께 대화하며 과일과 커피, 오트밀을 먹었다. 어찌 보면 소소한 일상이지만 나에게는 정말 마음이 환기되는 시간이었다.

여동생이 캐나다로 돌아간 뒤 여동생과 카톡 메신저로 날짜와 시간을 정해 매주 시편 큐티를 시작했다. 그간 말씀공급이 없어서 건조해 말라비틀어질 것 같던 영혼에 조금씩 단비를 뿌려주셨다. 하나님은 그렇게 부담스럽지 않고 자연스럽게 다시 말씀으로 인도해주셨다. 나를 서서히 준비시켜 주셨다. 내 영혼이 정말 너무 어둡고 메말라 그 어떤 것도 할 수 없었던 때, 우연인 것 같지만 사실은 동생과 나를 향한 하나님의 선한 의도가 숨겨진 사건으로 여동생을 내 옆에 길게 붙여 주셨다. 책망하고 가르치시는 것이 아니라 너무나 따스하게 동생을 통해 배려받고 사랑받게 하셨다.

사실 나는 원래 친구도 많지 않고 육아하면서는 거의 고립되었다. 4주 통독 후 감사 제목 정리한 것을 대학부 여자 또래 단톡방에 공유하게 하셨다. 사실 이건 나에게 매우 큰 용기가 필요한 일이었다. 20

년 전 친구들이고 그간 거의 연락을 못 하고 지냈던 터라 단톡방에 인사 한마디 올리는 것도 조심스러웠다. 서먹하기도 하고 어색했다. 그런데 정말 파워풀한 우리 하나님 아부지, 공유하라는 마음을 주셔서 했을 뿐인데 부끄럽지도 않았고 이를 통해 내 마음의 어려움도 사라지게 하셨다. 무엇보다 하나의 영으로 부르신 사람들, 그 공동체 안에서 누릴 수 있는 평안함을 체험케 하셨다. 더불어 대학원 신우회 단톡방과 생각나게 하신 친구들, 지인들에게 공유하면서 우리의 각기 다른 상황 가운데 하나님께서 사랑으로 일하고 계심을 확인하며 서로를 격려할 수 있었다. 참 마음 따뜻하고 힘이 나는 경험이었다.

하나님은 때로 내가 혼자서 어찌할 바 몰라 점점 더 바닥으로 가라앉을 때 가족이나 친구, 지인, 이웃 등을 통해 회복의 발판을 마련해주신다. 심지어 온라인에서 만난 익명의 사람들을 통해서도 일하신다. 나는 정보의 홍수, 타인과의 비교가 싫어서 SNS나 맘카페 활동은 일절 하지 않았다. 그런데 온라인 카페 활동을 하면서 연대의 힘, 응원 댓글의 에너지를 체험하게 하셨다. 또한, 성경통독을 할 때는 단톡방에서 매일 인증을 하며 경쟁이 아닌 선한 자극을 주고받게 하셨다.

성경통독을 완료하고 나서 감사일기를 쓰며 이 또한 매일 감사일기 단톡방에서 인증하고 있다. 내용 공유가 아닌 정말 담백한 '며칠 차 감사일기 완료' 이렇게 인증만 한다. 내용은 주님과 나만 아는 비밀이다. 하하. 단순한 인증이지만 함께하는 그 활동을 통해 우리는 서로를 지켜 주고 있다. 각자의 상황은 다 다르고 알 수 없지만, 묵묵히 서로를 지지한다. 어떤 형식이든 같은 목적과 선한 마음으로 함께하는 그곳에 하나님이 주시는 은혜와 힘이 있음을 느낀다.

혼자서는 쉽게 넘어지고 포기할 수 있지만, 함께하면 길게 꾸준히 갈 수 있다. anti SNS 대표였던 나는 블로그, 온라인 카페, SNS 애플리케이션 등 편리하고 스마트한 여러 가지 플랫폼을 지혜롭게 활용하면 파워풀한 도구가 될 수 있다는 것을 깨달았다.

하나님은 그렇게 둥이들 낳고 몇 년간 폐쇄적으로 살며 인간관계가 단절된 나를 짧은 시간 안에 회복시켜 주셨다. 히키코모리(은둔형 외톨이)에서 탈출하게 하셨다. 심지어 귀차니즘 선수였던 내가 온라인 카페 운동반 활동도 하게 됐다! 그동안은 체력도 바닥이고 몸 여기저기 통증이 있어서 운동은 엄두도 못 냈다. 첫째가 입학하고 도보로 아이 등하교를 시키면서 평소보다 걷기를 하루 한 시간가량 더 하면서 체력이 좀 붙었는지 슬슬 가벼운 운동을 시작해 볼까 하는 생각이 들었다. 하지만 뭘 해야 할지 딱히 떠오르지 않았다. 코로나로 피트니스 센터에 회원권을 끊고 가서 하기에는 마음에 부담도 되고 꾸준히 할 자신도 없었다. 그러다 우연히 온라인 운동반 모집 공지를 보고 나는 자연스럽게 신청하게 되었다.

정말 우연일까? 왜 하필 걷기로 체력이 좀 올라오고 운동을 해볼까 하는 딱 그때 그 공지가 올라왔을까? 그리고 그 공지를 신청 기간 안에 놓치지 않고 보게 하셨을까? 심지어 인기가 많은 운동반인지라 선착순에서 밀릴 수도 있는데 왜 이번 모집은 인원도 평소보다 두 배고 초보자에 대한 정보가 많았던 것이었을까? 주님만이 아시겠지요.^^

무사히 선착순 신청에 성공한 나는 무려 두 달 동안 온라인 운동 반을 통해 주 3회, 30분 이상 유튜브 영상을 보며 다양한 순한 맛(초보자용) 홈트를 했다. 참, 다한증 환자인 나에게 홈트는 정말 신의 한 수였다! 땀이 흘러 손발이 미끄러지고 바닥에 땀이 묻어도 신경 쓰지 않아도 되니 편했다. 나는 운동반 활동으로 매번 운동과 식이 내용을 함께 적은 인증일기를 게시판에 올렸다. 고수님들은 댓글을 통해 위로와 격려 플러스 운동 및 식이 꿀팁까지 전수해 주셨다. 다른 회원들의 인증 글을 보면서 참고하기 좋은 영상들 발견하고 벤치마킹하기도 했다.

나는 사실 운동을 비싼 돈 주고 회원권을 끊어도 한 달에 몇 번 못 가고 포기하곤 했던 게으른 운포자(운동 포기한 사람)였다. 당연히 등이 낳고는 더더욱 운동할 시간적·정신적 여유도 없었다. 교통사고 이후에는 어깨 움직임이 불편한 것을 핑계로 지레 포기했다. 그런데 그렇게 운동과 손절했던 내가 2달이나 규칙적으로 운동을 했다니……. 이것만으로도 운포자에게는 엄청난 기적이다! 더불어 체력도 확실히 좋아지고 온몸 구석구석 나를 괴롭혔던 통증도 줄었다. 몸의 라인이 달라지고 사이즈도 줄어서 조금씩 자신감이 올라왔다.

운동반을 통해 내 몸 돌보는 것에 대한 기본을 다지게 하심이 감사하다. 앞으로 더욱 건강해질 내 몸과 마음이 기대된다.

함께하면 끝까지 갈 수 있다. 코로나로 가족 모임조차 하기 힘든 요즘, 비대면으로 할 수 있는 다양한 채널로 우리 모두 가족, 친구, 이웃과 함께 선한 연대를 꾸리고 힘냈으면 좋겠다.

기록의 힘

나는 10년 이상 매년 12월이면 감사 제목 10가지를 정리해왔다. 그리고 다음 해 기도 제목 10가지도 함께 기록했다. 이른바 '감사 제목 & 기도 제목 Top 10'은 다이어리에 주로 적었다. 사진으로 찍어 수시로 보기도 했고, 크고 빳빳한 종이를 반으로 접어 왼쪽에는 감사 제목 오른쪽에는 기도 제목을 쭉 적어 잘 보이는 곳에 붙이기도 했다. 참 신기하게도 지난해의 기도 제목이 올해의 감사 제목인 경우가 정말 많았다. 매번 소름이 돋는 짜릿한 경험이었다. 만약 매년 기록하고 비교해 확인하지 않았다면 이 귀한 경험을 할 수 없었을 것이다.

100일을 작정하고 꼼꼼히 감사일기를 쓰면서 이전에도 느꼈지만, 다시 한 번 명확히 확인한 사실이 있다. 똑같은 일을 겪고 같은 감정을 느껴도 기록을 할 때와 그냥 그렇구나 하고 넘어갔을 때의 차이는 엄청나다는 것이다. 기록하지 않으면 일단 까먹는 경우가 태반이고,

기억하더라도 왜곡되거나 단순화된다. 그래서 나는 기록했을 때 하나님이 일상 가운데 주셨던 은혜를 생생하고 사실적으로 되새길 수 있다. 그 안에서 나를 성장시키시고 빚어가심을 확인하며 누리는 기쁨도 크다. 감사일기를 처음 쓸 때 최대한 자세히 쓰다 보니 주님이 나를 만져가시는 섬세한 손길을 확인하는 데 큰 도움이 되었다.

나는 100일간 감사일기를 밴드(BAND)를 활용해 작성했는데 하루 중 수시로 편집하며 쓰기 편했다. 해시태그(#) 기능이 있어서 처음부터 의도한 것은 아니었지만, 어느 순간부터 같은 태그 내용을 검색해서 그 감사 내용의 변화를 추적할 수 있었다. 예를 들어 '#감사 4'에 나는 거의 글쓰기 관련 감사 내용을 적었었다. 나는 처음 한 달은 마음이 굉장히 조급했던 것 같다. 이미 주신 것을 믿고 감사하다 보니 아직 원고 완성까지는 한참이 남았는데도 완성하게 하심을 감사하고 심지어 출판사와의 계약도 꿈꾸며 감사했다.

그러다 두 달 차에 내용을 살펴보면

"책을 쓰며 저를 만지시고 고쳐주시니 감사합니다. 초고 작업에 조급했던 마음을 잡아주시고 예수님께 집중하게 하시니 감사합니다."로 감사의 내용이 바뀌어 있었다.

그리고 시간이 지남에 따라 내 마음에 주셨던 변화를 가감 없이 확인해 보고자 부끄럽지만, 원문 그대로 #감사 4 내용을 아래와 같이 공개한다.

191

감사일기 66일 차

▸ 감사 4

작가수업 대박! (*이 표현은 내가 책을 쓰기 전 들었던 작가수업에 참여했던 작가님들과 강사님의 모든 수업을 이끄실 하나님께 중보기도 하는 마음으로 100일 동안 매일 붙였다.)

내 연약함과 무관하게 무한한 은혜로 부어주시고 매일매일 새로운 힘 주셔서 책 쓰게 하심 감사합니다. 내가 잘나서 내가 의로워서 내가 성실해서가 아니라 주님이 능력이 있고 선하시므로 책을 쓰게 하셨음을 뼈저리게 깨닫게 하심 감사합니다.

책을 쓰는 과정을 통해 주님께 의지하고 주님과 동행하는 일상을 훈련케 하시니 감사합니다. 처참히 실패했다 생각하는 순간에도 끊이지 않는 은혜를 주심을 확인하고 새 힘을 주시니 감사합니다. 초고 작성이 지체됨이 교만하지 못하도록 저를 지켜 주신 은혜임을 깨닫게 하심 감사합니다.

감사일기 67일 차

▸ 감사 4

작가수업 대박! 첫째가 엄마 책에 대해 궁금해하고 완성했는지 제목은 뭔지 질문하게 하심 감사합니다. 첫째와 그림책을 같이 만들 생각도 하게 하시니 감사합니다.

감사일기 73일 차

▹ 감사 4

작가수업 대박! 크리스천 작가 되게 하심 감사합니다. 히브리서 6장의 비밀을 깨닫게 하시니 감사합니다.

감사일기 75일 차

▹ 감사4

작가수업 대박! 이틀간 푹 자고 미라클 감사 초고 못 써서 마음 무거웠는데 오늘 다시 쓰게 하시니 감사합니다.

감사일기 76일 차

▹ 감사4

작가수업 대박! 새벽 2시 안 돼 눈 떠지게 하시고 2시간 넘게 미라클 감사 초고 밑바탕 작업하게 하시고 2/3분량 작업 완료케 하시니 감사합니다.

감사일기 77일 차

▹ 감사4

작가수업 대박! 마음의 부담을 내려놓고 기쁜 마음으로 꾸준히 작업하게 하심 감사합니다.

감사일기 80일 차

▸ 감사4

작가수업 대박! 감사합니다.

감사일기 81일 차

▸ 감사4

작가수업 대박! 주님의 때를 기다리고 평안케 하시니 감사합니다.

감사일기 82일 차

▸ 감사4

작가수업 대박! 수/목/금 3일째 초고 작업을 못 하고 있습니다. 마음에 부담감 주시니 감사합니다.

감사일기 90일 차

▸ 감사4

작가수업 대박! 감사일기 100일 차에 초고 완성할 소망 주시니 감사합니다. 하루 한 꼭지 정도씩 꾸준히 써서 완성의 기쁨을 누릴 것 믿으며 감사합니다.

(*실제 초고는 98일 차에 완성했다. 할렐루야!)

이렇게 하나님은 처음에 후딱 쓰고 싶어 초조했던 나에게 '왜 이

글을 쓰고 있는지?' '뭣이 중헌다' 명확하게 깨닫게 하시고 감사하게 하셨다. 그리고 시간이 지나면서 글이 잘 써지는 날도 간혹 있었지만, 아이들 재우며 내가 먼저 뻗어서 자괴감이 든 날에도 감사하게 하셨다. 심지어 '작가수업 대박! 감사합니다'만 쓴 날도 꽤 있다. 그냥 그것이 그날 내 마음이었다. 할 말이 많은 날도 있었고 말할 힘조차 나지 않는 날도 있었지만 무조건 감사했다. 그렇게 매일 매일 쓰다 보니 주님 은혜로 내가 무엇이 변했는지 세세히 기록으로 남았다. 그러면서 기존에는 알 수 없었던 내면의 작은 변화를 발견했다. 주신 은혜를 기록하며 세다 보니 하나님이 마음의 평안을 주시고 포기하지 않고 앞으로 나갈 수 있는 용기를 가득 채워주셨다.

당신의 미라클

내가 이 책을 쓰는 이유? 단순 명쾌하다. 예수님이 당신을 정말 사랑하시기 때문이다. 당신을 얼마나 사랑하시는지 누군지도 모를 평범하기 그지없는 나같이 부족한 사람의 인생이야기까지 끌어다 쓰신다. 아이를 하교시키러 걸어가던 길, 신호를 기다리며 건널목에 서 있는데 문득 눈물이 났다.

'예수님이 당신을 얼마나 사랑하시는지, 그래서 내가 이 책을 쓰게 하셨구나!'

그 순간 깨닫게 되어 마음이 뜨끈해지고 눈에 눈물이 고였다.

예수님은 당신의 삶 속에 늘 함께하시며 지극히 작은 신음에도 귀기울이고 계신다. 당신은 혼자가 아니다. 감사함으로 예수님이 주시는 매일 매일의 섬세한 은혜를 발견하고 누리길 진심으로 축복한다. 혹 그 누구도 모를 어두움 속에서 우울함과 불안함에 떨고 있다면 우리 함께 예수님을 바라보자. 세상의 그 어떤 지혜도 사랑도 예수님을 대신할 수 없다는 것을 우리는 이미 알고 있다. 예수님은 우리가 절망과 무기력 가운데 허우적거릴 때 우리보다 더 마음 아파하신다. 주님은 우리의 삶 속에서 각자에게 맞춰 인격적인 방법으로 계속 우리를 찾고 부르신다. 나에게는 성경통독을 통해 예수님에 대한 말씀을 보여주셨고 '행함이 있는 믿음'으로 사는 삶을 격려해주셨다. 그래서 나는 여러 번 포기할 위기가 있었지만, 용기 내 이 책을 쓸 수 있었다.

1 Comfort, comfort my people, says your God.

2 Speak tenderly to Jerusalem, and proclaim to her that her hard service has been completed, that her sin has been paid for, that she has received from the LORD's hand double for all her sins.

3 A voice of one calling: "In the desert prepare the way for the LORD; make straight in the wilderness a highway for our God. (Isaiah 40:1-3)

31 시몬아, 시몬아, 보라 사탄이 너희를 밀 까부르듯 하려고 요구하였으나

32 그러나 내가 너를 위하여 네 믿음이 떨어지지 않기를 기도하였노니 너는 돌이킨 후에 네 형제를 굳게 하라(누가복음 22:

나는 겉으로 문제가 없어 보여도 마음속으로 나쁜 생각을 많이 했었다. 남편과 아이들이 있음에도 내면의 어두움으로 '이렇게 살아 뭐하나, 살기 싫다.'라는 극단적인 생각이 올라올 때도 있었다. 그렇게 영혼이 죽어가고 있을 때 하나님은 말씀 통독을 통해 나를 살려 주셨다. 소망 없이 딱딱하게 굳어 있던 내게 풍성한 영혼의 기쁨을 느끼게 하시고 새롭게 하셨다.

우울감에 쩔어 있던 1년 전 생일과 전혀 다른 감사와 따뜻한 마음이 가득했던 이번 생일, 하나님은 자연스럽게 가족과 지인에게 성경 통독을 권하게 하셨다. 놀랍게도 권한 사람마다 흔쾌히 하겠노라 했고, 각자의 상황 가운데 말씀이 필요한 시기였다. 예수님이 말씀이시고, 말씀은 능력이다. 정말 상상도 못 했던 일이 내 일상 속에 일어나고 있다. 아무것도 하고 싶은 것이 없었던 나를 무기력쟁이에서 하고 싶은 것이 많은 열정쟁이로 거듭나게 하시고, 주님의 은혜를 전하게 하신 놀라운 기적이 당신 앞에도 펼쳐질 것이다.

자신에게 실망하고 지쳐 나가떨어질 것 같을 때 주님은 예수님이 누구신지 보여주시며 내게 위로와 힘이 되어주셨다. 인격적 약점이 많은 나에게 말씀을 통해 가르쳐주시며 지혜를 주셨다. 분노조절장애 환자 수준이었던 나에게 2021년 1월 1일, 2가지 말씀을 주셨다.

모든 지킬 만한 것 중에 더욱 네 마음을 지키라 생명의 근원이 이에서 남이니라(잠언 4:23)

어느 때나 하나님을 본 사람이 없으되 만일 우리가 서로 사랑하면 하나님이 우리 안에 거하시고 그의 사랑이 우리 안에 온전히 이루어지느니라(요한 1서 4:12)

하나님은 나의 인격적 약점인 '쉽게 분노하는 것'과 '사랑 없음'에 대해 말씀으로 알려주셨다. (하나님이 나에게 보여주셨던 맞춤형 말씀 처방은 부록에서 확인할 수 있다.)

우리가 사는 세상은 우리를 매일 속이고 참으로 쉽게 분노하게 한다. 고된 사회생활 혹은 학업, 육아 등 무수히 많은 분노할 상황에서 주님이 주시는 말씀으로 내 영혼을 지키자. 쫄지 말자. 감정은 우리의 주인이 아니다! 나의 상황과 감정보다 더 크신 능력의 하나님을 바라며 용기를 내자. 이제 분노를 터트리지 말고 입 꾹 닫고 일단 주님께 나아가 쏟아놓자. 열 받으면 당이 당기지 않는가? 꿀 송이보다 단 말씀을 흡입하며 지혜를 구해보자. 당신의 인생에 이전에 경험하지 못했던 놀라운 일이 벌어질 것이다. 사랑이 없는 자에게 사랑의 말씀을 한없이 부어주시는 하나님! 우리를 매일매일 새롭게 빚어 가시는 주님의 손길을 함께 누리자.

삶의 무게에 눌려 숨쉬기 버겁다고 느낀 적이 있는가? 우리 안에 계신 예수님과 감사를 통해 함께 호흡하고 평안을 누리면 좋겠다. 이것이 우리의 살길이다!!

화려하고 멋있는 복잡한 방법이 아닌 단순하고 명쾌한 가장 쉬운 방법, 우리 삶의 기적은 감사를 통해 예수님과 함께하는 것이다.

예수님, 감사합니다.

십자가의 그 사랑으로,

주 은혜로 오늘도 삽니다.

예수님과 함께 매일매일 펼쳐질 당신의 미라클을 응원한다.

파이팅!

맞춤형
말씀 처방

예수님은 누구신가?

히브리서 1:2~3

2 이 모든 날 마지막에는 아들을 통하여 우리에게 말씀하셨으니 이 아들을 만유의 상속자로 세우시고 또 그로 말미암아 모든 세계를 지으셨느니라

3 이는 하나님의 영광의 광채시요 그 본체의 형상이시라 그의 능력의 말씀으로 만물을 붙드시며 죄를 정결하게 하는 일을 하시고 높은 곳에 계신 지극히 크신 이의 우편에 앉으셨느니라

히브리서 3:1~8

1 그러므로 함께 하늘의 부르심을 받은 거룩한 형제들아 우리가 믿는 도리의 사도이시며 대제사장이신 예수를 깊이 생각하라

2 그는 자기를 세우신 이에게 신실하시기를 모세가 하나님의 온 집에서 한 것과 같이하셨으니

3 그는 모세보다 더욱 영광을 받을 만한 것이 마치 집 지은 자가 그 집보다 더욱 존귀함 같으니라

4 집마다 지은 이가 있으니 만물을 지으신 이는 하나님이시라

5 또한 모세는 장래에 말할 것을 증언하기 위하여 하나님의 온 집에서 종으로서 신실하였고

6 그리스도는 하나님의 집을 맡은 아들로서 그와 같이하셨으니 우리가 소망의 확신과 자랑을 끝까지 굳게 잡고 있으면 우리는 그의 집이라

7 그러므로 성령이 이르신 바와 같이 오늘 너희가 그의 음성을 듣거든

8 광야에서 시험하던 날에 거역하던 것 같이 너희 마음을 완고하게 하지 말라

히브리서 4:12~16

12 하나님의 말씀은 살아있고 활력이 있어 좌우에 날 선 어떤 검보다도 예리하여 혼과 영과 및 관절과 골수를 찔러 쪼개기까지 하며 또 마음의 생각과 뜻을 판단하나니

13 지으신 것이 하나도 그 앞에 나타나지 않음이 없고 우리의 결산을 받으실 이의 눈앞에 만물이 벌거벗은 것 같이 드러나느니라

14 그러므로 우리에게 큰 대제사장이 계시니 승천하신 이 곧 하나님의 아들 예수시라 우리가 믿는 도리를 굳게 잡을지어다

15 우리에게 있는 대제사장은 우리의 연약함을 동정하지 못하실 이가 아니요 모든 일에 우리와 똑같이 시험을 받으신 이로되 죄는 없으시니라

16 그러므로 우리는 긍휼하심을 받고 때를 따라 돕는 은혜를 얻기 위하여 은혜의 보좌 앞에 담대히 나아갈 것이니라

히브리서 10:19~24

19 그러므로 형제들아 우리가 예수의 피를 힘입어 성소에 들어갈 담력
   을 얻었나니

20 그 길은 우리를 위하여 휘장 가운데로 열어놓으신 새로운 살 길이요
   휘장은 곧 그의 육체니라

21 또 하나님의 집 다스리는 큰 제사장이 계시매

22 우리가 마음에 뿌림을 받아 악한 양심으로부터 벗어나고 몸은 맑은
   물로 씻음을 받았으니 참 마음과 온전한 믿음으로 하나님께 나아가자

23 또 약속하신 이는 미쁘시니 우리가 믿는 도리의 소망을 움직이지 말
   며 굳게 잡고

24 서로 돌아보아 사랑과 선행을 격려하며

히브리서 12:1~5

1 이러므로 우리에게 구름같이 둘러싼 허다한 증인들이 있으니 모든 무
  거운 것과 얽매이기 쉬운 죄를 벗어버리고 인내로써 우리 앞에 당한
  경주를 하며

2 믿음의 주요 또 온전하게 하시는 이인 예수를 바라보자 그는 그 앞에
  있는 기쁨을 위하여 십자가를 참으사 부끄러움을 개의치 아니하시더
  니 하나님 보좌 우편에 앉으셨느니라

3 너희가 피곤하여 낙심하지 않기 위하여 죄인들이 이같이 자기에게 거
  역한 일을 참으신 이를 생각하라

4 너희가 죄와 싸우되 아직 피 흘리기까지는 대항하지 아니하고

5 또 아들들에게 권하는 것 같이 너희에게 권면하신 말씀도 잊었도다 일렀으되 내 아들아 주의 징계하심을 경히 여기지 말며 그에게 꾸지람을 받을 때에 낙심하지 말라

히브리서 12:10~14

10 그들은 잠시 자기의 뜻대로 우리를 징계하였거니와 오직 하나님은 우리의 유익을 위하여 그의 거룩하심에 참여하게 하시느니라

11 무릇 징계가 당시에는 즐거워 보이지 않고 슬퍼 보이나 후에 그로 말미암아 연단 받은 자들은 의와 평강의 열매를 맺느니라

12 그러므로 피곤한 손과 연약한 무릎을 일으켜 세우고

13 너희 발을 위하여 곧은 길을 만들어 저는 다리로 하여금 어그러지지 않고 고침을 받게 하라

14 모든 사람과 더불어 화평함과 거룩함을 따르라 이것이 없이는 아무도 주를 보지 못하리라

히브리서 13:6~9

6 그러므로 우리가 담대히 말하되 주는 나를 돕는 이시니 내가 무서워하지 아니하겠노라 사람이 내게 어찌하리요 하노라

7 하나님의 말씀을 너희에게 일러주고 너희를 인도하던 자들을 생각하며 그들의 행실의 결말을 주의하여 보고 그들의 믿음을 본받으라

8 예수 그리스도는 어제나 오늘이나 영원토록 동일하시니라

9 여러 가지 다른 교훈에 끌리지 말라 마음은 은혜로써 굳게 함이 아름 답고 음식으로써 할 것이 아니니 음식으로 말미암아 행한 자는 유익을 얻지 못하였느니라

베드로전서 3:21

21 물은 예수 그리스도께서 부활하심으로 말미암아 이제 너희를 구원하는 표니 곧 세례라 이는 육체의 더러운 것을 제하여 버림이 아니요 하나님을 향한 선한 양심의 간구니라

베드로전서 4:1~2

1 그리스도께서 이미 육체의 고난을 받으셨으니 너희도 같은 마음으로 갑옷을 삼으라 이는 육체의 고난을 받은 자는 죄를 그쳤음이니

2 그 후로는 다시 사람의 정욕을 따르지 않고 하나님의 뜻을 따라 육체의 남은 때를 살게 하려 함이라

요한 1서 1:7~9

7 그가 빛 가운데 계신 것 같이 우리도 빛 가운데 행하면 우리가 서로 사귐이 있고 그 아들 예수의 피가 우리를 모든 죄에서 깨끗하게 하실 것이요

8 만일 우리가 죄가 없다고 말하면 스스로 속이고 또 진리가 우리 속에

있지 아니할 것이요

9 만일 우리가 우리 죄를 자백하면 그는 미쁘시고 의로우사 우리 죄를
   사하시며 우리를 모든 불의에서 깨끗하게 하실 것이요

요한 1서 5:3~5

3 하나님을 사랑하는 것은 이것이니 우리가 그의 계명들을 지키는 것이
   라 그의 계명들은 무거운 것이 아니로다

4 무릇 하나님께로부터 난 자마다 세상을 이기느니라 세상을 이기는 승
   리는 이것이니 우리의 믿음이니라

5 예수께서 하나님의 아들이심을 믿는 자가 아니면 세상을 이기는 자
   가 누구냐

유다서 1:20~25

20 사랑하는 자들아 너희는 너희의 지극히 거룩한 믿음 위에 자신을 세
    우며 성령으로 기도하며

21 하나님의 사랑 안에서 자신을 지키며 영생에 이르도록 우리 주 예수
    그리스도의 긍휼을 기다리라

22 어떤 의심하는 자들을 긍휼히 여기라

23 또 어떤 자를 불에서 끌어내어 구원하라 또 어떤 자를 그 육체로 더
    럽힌 옷까지도 미워하되 두려움으로 긍휼히 여기라

24 능히 너희를 보호하사 거침이 없게 하시고 너희로 그 영광 앞에 흠

이 없이 기쁨으로 서게 하실 이

25 곧 우리 구주 홀로 하나이신 하나님께 우리 주 예수 그리스도로 말미암아 영광과 위엄과 권력과 권세가 영원 전부터 이제와 영원토록 있을지어다 아멘

화가 난다, 화가 나!

잠언 4:23

모든 지킬 만한 것 중에 더욱 네 마음을 지키라 생명의 근원이 이에서 남이니라

시편 4:4

너희는 떨며(분내어) 범죄하지 말지어다 자리에 누워 심중에 말하고 잠잠할지어다.

시편 19:7

여호와의 율법은 완전하여 영혼을 소성시키며 여호와의 증거는 확실하여 우둔한 자를 지혜롭게 하며

시편 19:10

금 곧 많은 순금보다 더 사모할 것이며 꿀과 송이 꿀보다 더 달도다

시편 19:14

나의 반석이시요 나의 구속자이신 여호와여 내 입의 말과 나의 마음의
묵상이 주님 앞에 열납되기를 원하나이다

시편 31:24

여호와를 바라는 너희들아 강하고 담대하라

누가복음 21:34, 36

34 너희는 스스로 조심하라 그렇지 않으면 방탕함과 술 취함과 생활의
   염려로 마음이 둔하여지고 뜻밖에 그 날이 덫과 같이 너희에게 임
   하리라

36 이러므로 너희는 장차 올 이 모든 일을 능히 피하고 인자 앞에 서도
   록 항상 기도하며 깨어 있으라 하시니라

누가복음 24:45~47

45 이에 그들의 마음을 열어 성경을 깨닫게 하시고

46 또 이르시되 이같이 그리스도가 고난을 받고 제 삼일에 죽은 자 가
   운데서 살아날 것과

47 또 그의 이름으로 죄 사함을 받게 하는 회개가 예루살렘에서 시작하
   여 모든 족속에게 전파될 것이 기록되었으니

데살로니가전서 4:11~12

11 또 너희에게 명한 것 같이 조용히 자기 일을 하고 너희 손으로 일하기를 힘쓰라

12 이는 외인에 대하여 단정히 행하고 또한 아무 궁핍함이 없게 하려 함이라

1Corinthians 10:31~32

31 So whether you eat or drink or whatever you do, do it all for the glory of God.

32 Do not cause anyone to stumble, whether Jews, Greeks or the church of God

1Corinthians 13:5

It is not rude, it is not self-seeking, it is not easily angered, it keeps no record of wrongs.

1Corinthians 14:20

Brothers, stop thinking like children. In regard to evil be infants, but in your thinking be adults

1Corinthians 15:57~58

57 But thanks be to God! He gives us the victory through our Lord
Jesus Christ.

58 Therefore, my dear brothers, stand firm. Let nothing move you.
Always give yourselves fully to the work of the Lord, because you
know that your labor in the Lord is no in vain.

Ephesians 4:23~25

23 to be made new in the attitude of your minds;

24 and to put on the new self, created to be like God in true righteous-
ness and holiness.

25 Therefore each of you must put off falsehood and speak truthfully
to his neighbor, for we are all members of one body.

Ephesians 4:31~32

31 Get rid of all bitterness, rage and anger, brawling and slander, along
with every form of malice.

32 Be kind and compassionate to one another, forgiving each other, just
as in Christ God forgave you.

Ephesians 6:17~18

17 Take the helmet of salvation and the sword of the Spirit, which is the word of God.

18 And pray in the Spirit on all occasions with all kinds of prayers and requests. With this in mind, be alert and always keep on praying for all the saints.

빌립보서 2:12

그러므로 나의 사랑하는 자들아 너희가 나 있을 때뿐 아니라 더욱 지금 나 없을 때에도 항상 복종하여 두렵고 떨림으로 너희 구원을 이루라

빌립보서 4:4~8

4 주 안에서 항상 기뻐하라 내가 다시 말하노니 기뻐하라

5 너희 관용을 모든 사람에게 알게 하라 주께서 가까우시니라

6 아무것도 염려하지 말고 다만 모든 일에 기도와 간구로, 너희 구할 것을 감사함으로 하나님께 아뢰라

7 그리하면 모든 지각에 뛰어난 하나님의 평강이 그리스도 예수 안에서 너희 마음과 생각을 지키시리라

8 끝으로 형제들아 무엇에든지 참되며 무엇에든지 경건하며 무엇에든지 옳으며 무엇에든지 정결하며 무엇에든지 사랑받을 만하며 무엇에든지 칭찬받을 만하며 무슨 덕이 있든지 무슨 기림이 있든지 이것들

을 생각하라

빌립보서 4:12~13

12 나는 비천에 처할 줄도 알고 풍부에 처할 줄도 알아 모든 일 곧 배
   부름과 배고픔과 풍부와 궁핍에도 처할 줄 아는 일체의 비결을 배
   웠노라

13 내게 능력 주시는 자 안에서 내가 모든 것을 할 수 있느니라

골로새서 1:9~14

9 이로써 우리도 듣던 날부터 너희를 위하여 기도하기를 그치지 아니하
  고 구하노니 너희로 하여금 모든 신령한 지혜와 총명에 하나님의 뜻
  을 아는 것으로 채우게 하시고

10 주께 합당하게 행하여 범사에 기쁘시게 하고 모든 선한 일에 열매를
   맺게 하시며 하나님을 아는 것에 자라게 하시고

11 그의 영광의 힘을 따라 모든 능력으로 능하게 하시며 기쁨으로 모든
   견딤과 오래 참음에 이르게 하시고

12 우리로 하여금 빛 가운데서 성도의 기업의 부분을 얻기에 합당하게
   하신 아버지께 감사하게 하시기를 원하노라

13 그가 우리를 흑암의 권세에서 건져내사 그의 사랑의 아들의 나라
   로 옮기셨으니

14 그 아들 안에서 우리가 속량 곧 죄 사함을 얻었도다

19 내 사랑하는 형제들아 너희가 알지니 사람마다 듣기는 속히 하고 말
  하기는 더디 하며 성내기도 더디 하라

20 사람이 성내는 것이 하나님의 의를 이루지 못함이라

21 그러므로 모든 더러운 것과 넘치는 악을 내버리고 너희 영혼을 능히
  구원할 바 마음에 심어진 말씀을 온유함으로 받으라

22 너희는 말씀을 행하는 자가 되고 듣기만 하여 자신을 속이는 자가
  되지 말라

23 누구든지 말씀을 듣고 행하지 아니하면 그는 거울로 자기의 생긴 얼
  굴을 보는 사람과 같아서

24 제 자신을 보고 가서 그 모습이 어떠했는지를 곧 잊어버리거니와

25 자유롭게 하는 온전한 율법을 들여다보고 있는 자는 듣고 잊어버
  리는 자가 아니요 실천하는 자니 이 사람은 그 행하는 일에 복을 받
  으리라

베드로전서 3:4

오직 마음에 숨은 사람을 온유하고 안정한 심령의 썩지 아니할 것으로
하라 이는 하나님 앞에 값진 것이니라

베드로후서 1:10

그러므로 형제들아 더욱 힘써 너희 부르심과 택하심을 굳게 하라 너희가

이것을 행한즉 언제든지 실족하지 아니하리라

역대하 32:7~8

7 너희는 마음을 강하게 하며 담대히 하고 앗수르 왕과 그를 따르는 온 무리로 말미암아 두려워하지 말며 놀라지 말라 우리와 함께하시는 이가 그와 함께 하는 자보다 크니

8 그와 함께 하는 자는 육신의 팔이요 우리와 함께 하시는 이는 우리의 하나님 여호와시라 반드시 우리를 도우시고 우리를 대신하여 싸우시리라 하매 백성이 유다 왕 히스기야의 말로 말미암아 안심하니라

사랑 없음

요한 1서 4:12

어느 때나 하나님을 본 사람이 없으되 만일 우리가 서로 사랑하면 하나님이 우리 안에 거하시고 그의 사랑이 우리 안에 온전히 이루어지느니라

Psalms 106:1

Praise the LORD, Give thanks to the LORD, for he is good; his love endures forever.

Psalms 117:2

For great is his love toward us, and the faithfulness of the LORD endures forever. Praise the LORD.

Psalms 118:1~4

1 Give thanks to the LORD, for he is good; his love endures forever.

2 Let Israel say: "His love endures forever"

3 Let the house of Aaron say: "His love endures forever"

4 Let those who fear the LORD say: "His love endures forever"

민수기 6:24

여호와는 네게 복을 주시고 너를 지키시기를 원하며

신명기 1:20~21

20 내가 너희에게 이르기를 우리 하나님 여호와께서 우리에게 주신 아
   모리 족속의 산지에 너희가 이르렀나니

21 너희의 하나님 여호와께서 이 땅을 너희 앞에 두셨은즉 너희 조상의
   하나님 여호와께서 너희에게 이르신 대로 올라가서 차지하라 두려워
   하지 말라 주저하지 말라 한즉

신명기 10:12~13

12 이스라엘아 네 하나님 여호와께서 네게 요구하시는 것이 무엇이냐
   곧 네 하나님 여호와를 경외하며 그의 모든 도를 행하고 그를 사랑하
   며 마음을 다하고 뜻을 다하여 네 하나님 여호와를 섬기고

13 내가 오늘날 네 행복을 위하여 네게 명하는 여호와의 명령과 규례
   를 지킬 것이 아니냐

역대하 7:14

내 이름으로 일컫는 내 백성이 그들의 악한 길에서 떠나 스스로 낮추고 기도하여 내 얼굴을 찾으면 내가 하늘에서 듣고 그들의 죄를 사하고 그들의 땅을 고칠지라

Micah 6:8

He has showed you, O man, what is good. And what does the LORD require of you? To act justly and to love mercy and to walk humbly with your God.

역대하 30:18~20

18 에브라임과 므낫세와 잇사갈과 스불론의 많은 무리는 자기들을 깨끗하게 하지 아니하고 유월절 양을 먹어 기록한 규례를 어긴지라 히스기야가 그들을 위하여 기도하여 이르되 선하신 여호와여 사하옵소서

19 결심하고 하나님 곧 그의 조상들의 하나님 여호와를 구하는 사람은 누구든지 비록 성소의 결례대로 스스로 깨끗하게 못 하였을지라도 사하옵소서 하였더니

20 여호와께서 히스기야의 기도를 들으시고 백성을 고치셨더라

스바냐 3:16~17

16 그 날에 사람이 예루살렘에 이르기를 두려워하지 말라 시온아 네 손

을 늘어뜨리지 말라

17 너의 하나님 여호와가 너의 가운데에 계시니 그는 구원을 베푸실 전
능자이시라 그가 너로 말미암아 기쁨을 이기지 못하시며 너를 잠잠
히 사랑하시며 너로 말미암아 즐거이 부르며 기뻐하시리라 하리라

예레미야 애가 3:22-26

22 여호와의 인자와 긍휼이 무궁하시므로 우리가 진멸되지 아니함이
니이다

23 이것들이 아침마다 새로우니 주의 성실하심이 크시도소이다

24 내 심령에 이르기를 여호와는 나의 기업이시니 그러므로 내가 그를
바라리라 하도다

25 기다리는 자들에게나 구하는 영혼들에게 여호와는 선하시도다

26 사람이 여호와의 구원을 바라고 잠잠히 기다림이 좋도다

느헤미야 8:10~12

10 느헤미야가 또 그들에게 이르기를 너희는 가서 살진 것을 먹고 단
것을 마시되 준비하지 못한 자에게는 나누어 주라 이 날은 우리 주
의 성일이니 근심하지 말라 여호와로 인하여 기뻐하는 것이 너희의
힘이니라 하고

11 레위 사람들도 모든 백성을 정숙하게 하여 이르기를 오늘은 성일이

니 마땅히 조용하고 근심하지 말라 하니

12 모든 백성이 곧 가서 먹고 마시며 나누어 주고 크게 즐거워하니 이
는 그들이 그 읽어 들려준 말을 밝히 앎이라

느헤미야 9:2~3, 5, 17~21

2 모든 이방 사람들과 절교하고 서서 자기의 죄와 조상들의 허물을 자
복하고

3 이날에 낮 사 분의 일은 그 제자리에 서서 그들의 하나님 여호와의 율
법책을 낭독하고 낮 사 분의 일은 죄를 자복하며 그들의 하나님 여호
와께 경배하는데

5 또 레위 사람 예수아와 갓미엘과 바니와 하삽느야와 세레뱌와 호디야
와 스바냐와 브다히야는 이르기를 너희 무리는 마땅히 일어나 영원부
터 영원까지 계신 너희 하나님 여호와를 송축할지어다 주여 주의 영
화로운 이름을 송축하올 것은 주의 이름이 존귀하여 모든 송축이나
찬양에서 뛰어남이니이다

17 거역하며 주께서 저희 가운데 행하신 기사를 생각지 아니하고 목을
굳게 하며 패역 하여 스스로 한 두목을 세우고 종 되었던 땅으로 돌
아가고자 하였사오나 오직 주는 사유하시는 하나님이시라 은혜로우
시며 긍휼히 여기시며 더디 노하시며 인자가 풍부하시므로 저희를
버리지 아니하셨나이다

18 또 저희가 송아지를 부어 만들고 이르기를 이는 곧 너희를 인도하여
애굽에서 나오게 하신 하나님이라 하여 크게 설 만하게 하였사오나

19 주께서는 연하여 긍휼을 베푸사 저희를 광야에 버리지 아니하시고

낮에는 구름 기둥으로 길을 인도하시며 밤에는 불기둥으로 그 행할 길을 비춰사 떠나게 아니하셨사오며

20 또 주의 선한 신을 주사 저희를 가르치시며 주의 만나로 저희 입에 끊어지지 않게 하시고 저희의 목마름을 인하여 물을 주시사

21 사십 년 동안을 들에서 기르시되 결핍함이 없게 하시므로 그 옷이 해어지지 아니하였고 발이 부릍지 아니하였사오며

사도행전 17:27

이는 사람으로 혹 하나님을 더듬어 찾아 발견하게 하려 하심이로되 그는 우리 각 사람에게서 멀리 계시니 아니하도다

데살로니가전서 5:8~24

8 우리는 낮에 속하였으니 정신을 차리고 믿음과 사랑의 호심경을 붙이고 구원의 소망의 투구를 쓰자

9 하나님이 우리를 세우심은 노하심에 이르게 하심이 아니요 오직 우리 주 예수 그리스도로 말미암아 구원을 받게 하심이라

10 예수께서 우리를 위하여 죽으사 우리로 하여금 깨어 있든지 자든지 자기와 함께 살게 하려 하셨느니라

11 그러므로 피차 권면하고 서로 덕을 세우기를 너희가 하는 것같이 하라

12 형제들아 우리가 너희에게 구하노니 너희 가운데서 수고하고 주 안

에서 너희를 다스리며 권하는 자들을 너희가 알고

13 그들의 역사로 말미암아 사랑 안에서 가장 귀히 여기며 너희끼리 화목하라

14 또 형제들아 너희를 권면하노니 게으른 자들을 권계하며 마음이 약한 자들을 격려하고 힘이 없는 자들을 붙들어 주며 모든 사람에게 오래 참으라

15 삼가 누가 누구에게든지 악으로 악을 갚지 말게 하고 서로 대하든지 모든 사람을 대하든지 항상 선을 따르라

16 항상 기뻐하라

17 쉬지 말고 기도하라

18 범사에 감사하라 이것이 그리스도 예수 안에서 너희를 향하신 하나님의 뜻이니라

19 성령을 소멸하지 말며

20 예언을 멸시하지 말고

21 범사에 헤아려 좋은 것을 취하고

22 악은 어떤 모양이라도 버리라

23 평강의 하나님이 친히 너희를 온전히 거룩하게 하시고 또 너희의 온 영과 혼과 몸이 우리 주 예수 그리스도께서 강림하실 때에 흠 없게 보전되기를 원하노라

24 너희를 부르시는 이는 미쁘시니 그가 또한 이루시리라

1Corinthians 13: 2, 4, 6, 7, 13

2 If I have the gift of prophecy and can fathom all mysteries and all
   knowledge, and if I have a faith that can move mountains, but have
   not love, I am nothing.

4 Love is patient, love is kind. It does not envy, it does not boast, it is
   not proud.

6 Love does not delight in evil but rejoices with the truth.

13 And now these three remain: faith, hope and love. But the greatest
   of these is love.

1Corinthians 14:1

Follow the way of love and eagerly desire spiritual gifts, especially the
gift of prophecy.

Ephesians 2:8~10

8 For it is by grace you have been saved, through faith – and this not
   from yourselves, it is the gift of God –

9 not by works, so that no one can boast.

10 For we are God's workmanship, created in Christ Jesus to do good
   works, which God prepared in advance for us to do.

에베소서 4:1~2

1 그러므로 주 안에서 갇힌 내가 너희를 권하노니 너희가 부르심을 받은 일에 합당하게 행하여

2 모든 겸손과 온유로 하고 오래 참음으로 사랑 가운데서 서로 용납하고

Ephesians 4:15

Instead, speaking the truth in love, we will in all things grow up into him who is the Head, that is, Christ.

Titus 2:4~5

4 Then they can train the younger women to love their husbands and children,

5 to be self-controlled and pure, to be busy at home, to be kind, and to be subject to their husbands, so that no one will malign the word of God.

골로새서 3:12~17

12 그러므로 너희는 하나님이 택하사 거룩하고 사랑받는 자처럼 긍휼과 자비와 겸손과 온유와 오래 참음을 옷 입고

13 누가 누구에게 불만이 있거든 서로 용납하여 피차 용서하되 주께서

너희를 용서하신 것 같이 너희도 그리하고

14 이 모든 것 위에 사랑을 더하라 이는 온전하게 매는 띠니라

15 그리스도의 평강이 너희 마음을 주장하게 하라 너희는 평강을 위하여 한 몸으로 부르심을 받았나니 너희는 또한 감사하는 자가 되라

16 그리스도의 말씀이 너희 속에 풍성히 거하여 모든 지혜로 피차 가르치며 권면하고 시와 찬송과 신령한 노래를 부르며 감사하는 마음으로 하나님을 찬양하고

17 또 무엇을 하든지 말에나 일에나 다 주 예수의 이름으로 하고 그를 힘입어 하나님 아버지께 감사하라

베드로전서 4:8~14

8 무엇보다도 뜨겁게 서로 사랑할지니 사랑은 허다한 죄를 덮느니라

9 서로 대접하기를 원망 없이 하고

10 각각 은사를 받은 대로 하나님의 여러 가지 은혜를 맡은 선한 청지기같이 서로 봉사하라

11 만일 누가 말하려면 하나님의 말씀을 하는 것같이 하고 누가 봉사하려면 하나님이 공급하시는 힘으로 하는 것같이 하라 이는 범사에 예수 그리스도로 말미암아 하나님이 영광을 받으시게 하려 함이니 그에게 영광과 권능이 세세에 무궁하도록 있느니라 아멘

12 사랑하는 자들아 너희를 연단하려고 오는 불 시험을 이상한 일 당하는 것 같이 이상히 여기지 말고

13 오히려 너희가 그리스도의 고난에 참여하는 것으로 즐거워하라 이
   는 그의 영광을 나타내실 때에 너희로 즐거워하고 기뻐하게 하려
   함이라

14 너희가 그리스도의 이름으로 치욕을 당하면 복 있는 자로다 영광의
   영 곧 하나님의 영이 너희 위에 계심이라

베드로후서 1:5~8

5 그러므로 너희가 더욱 힘써 너희 믿음에 덕을, 덕에 지식을,

6 지식에 절제를, 절제에 인내를, 인내에 경건을,

7 경건에 형제 우애를, 형제 우애에 사랑을 더하라

8 이런 것이 너희에게 있어 흡족한즉 너희로 우리 주 예수 그리스도를
   알기에 게으르지 않고 열매 없는 자가 되지 않게 하려니와

마치는 말

   '감사'는 일상 속에 숨어 있는 보석 같은 은혜를 찾을 수 있는 강력한 도구이다.

   인생이 어떻게 항상 행복하기만 할까. 특히 아이들 키우면서는 내가 감당하기 어려운 상황들이 참 많았다. 이 원고의 퇴고 막바지에는 진짜 포기하고 싶었다. 후둥이가 고열 나고 후두염으로 고생하다 열 떨어지니 선둥이가 열이 났다. 몇 일간 선둥이 열이 안 잡혀 병원에서 확인해 보니 (후둥이도!!) 중이염이었다. 우리 부부까지 감기가 옮아서 아이들 돌보는 것 자체가 버거웠다. 내 몸이 아파 힘든데 아픈 아이들은 더 쉽게 칭얼거리고 미칠 것 같았다. 쌍둥이들 중이염이 나아지고 나니 후둥이가 갑자기 왼쪽 다리를 절뚝거렸다. 감기 후유증으로 왼쪽 고관절에 염증이 생겨 부은 것이다.

   그래도 그 와중에 첫째 아이를 건강하게 지켜주셔서 감사했다. 선둥이 열이 잡히지 않아 받은 진료로 늦지 않게 쌍둥이 두 녀석의 중이염을 발견해 치료할 수 있음에 감사했다. 후둥이 고관절 감기가 이틀 쉬고 금방 좋아지게 하심에 감사했다. 그러자 이 정신없고 어려운 상황 속에서도 하나님의 은혜가 보였다. 내 몸과 마음을 돌보라는 신

228

호로 주신 상황이었다. 말씀과 영양제로 나 자신을 챙기며 퇴고를 무사히 마치게 하셨다. 할렐루야! 힘들 때 쥐어 짜낸 작은 감사는 또 다른 감사로 이어지고 일상을 견딜 수 있는 원동력이 된다. 감사일기를 매일 쓴 지 거의 일 년이 됐다. 아이들이 아프고 나도 아파 힘들 때 감사일기를 쓰지 않았다면, 꾸역꾸역 주신 은혜를 세어보지 않았다면 어땠을까? 나는 숨어 있던 보석을 찾지 못하고 그저 그렇게 힘든 삶을 불평하며 퇴고를 포기했을지도 모른다.

2021년에 이어 2022년 1월에도 말씀 통독을 마무리하니 큰 선물 2가지를 주셨다.

하나는 2022년 나의 사명을 말씀을 통해 발견하고 어떻게 살아야 할지 방향성을 깨닫게 하신 것이다. 나에게 이 경험은 너무나 신기하고 놀라웠다. 이렇게 말씀에 근거하여 방향과 목표를 정하고 그에 따라 하고 싶은 것이 많아 기대되는 나의 삶이라니! 둥이 출산 후 무기력증에 빠져 아무것도 하고 싶은 것이 없던 나에게는 정말 기적이었다. 이전에는 상상도 하지 못했던 일이라 정말 가슴이 두근두근 뛴다.

또 다른 큰 선물은 바로 이 책의 출간 계약이다. 원고 투고 후 몸과 마음의 컨디션이 바닥을 칠 때 극적으로 출판사에서 온 전화를 받았다. 그리고 너무나 따뜻한 문자 메시지를 받게 하셨다. 사무실 위치 안내와 함께 보내주신 축복의 메시지였다.

'환하게 빛나는 삶이 되시길!!'

전화를 받은 다음 날 미팅에 참석하니 계약서가 미리 준비되어 있었다. 주여! 어안이 벙벙했다. 계약서에 사인하고 집에 돌아와서도 기쁘고 들뜨기보다 부담감이 컸다. 왜 그럴까?

계약한 주의 주일 예배에서 빛의 자녀로서 말씀을 기준으로 살아가는 것, 진리의 등불로 비추며 살아갈 사명에 대한 말씀을 듣게 하셨다. 찬양을 통해서 믿음이 없이는 주님을 기쁘시게 할 수 없다는 것을 깨닫게 하셨다. 내가 온전히 기뻐하지 못했던 것도 교만임을 알게 하셨다. 내 삶에서 수도 없이 보여주시지 않았는가? 내가 아니라 주님이 하신다.

믿음이 없이는 하나님을 기쁘시게 하지 못하나니 하나님께 나아가는 자는 반드시 그가 계신 것과 또한 그가 자기를 찾는 자들에게 상 주시는 이심을 믿어야 할지니라(히브리서 11:6)

출간을 위한 마지막 수정을 앞두고 심리적, 육체적 공격과 방해가 극심했다.

부담감, 조급함, 자괴감, 불안감, 걱정과 염려, 역류성 식도염, 복통, 두통, 잘 놀던 둥이들이 장난감에 다치거나 첫째 아이가 갑자기 코로나 검사를 받아야 하는 상황 등……. 하지만 주님은 이미 승리하셨다. 우리는 승리한 싸움을 싸우고 있다는 것을 기억하고, 모든 연약함을 예수님께 올려드리니 내게 용기를 주셨다. 나는 오늘도 예수님의 이름으로 승리하였음을 선포하고 감사하며 담대히 컴퓨터 키보드를 두드린다.

연약한 나에게 시선이 고정되면 나는 살 수 없다. 불안과 무기력의 늪에 빠지니까. 하지만 억지로라도 의지적으로 주님께 시선을 끌어 올려 내 삶에서 그분이 함께하시는 흔적을 찾으면 자연스럽게 불안은 사라진다. 다시 도전하고 견딜 수 있는 새로운 에너지가 생긴다.

전쟁 같은 우리의 인생에서 이보다 가성비 좋은 무기가 또 있을까?

쉽지 않은 하루하루를 살아내고 있는 당신과 내가 감사를 통해 매일 주님이 주시는 평안과 은혜를 온전히 누리길 간절히 소망한다.

special thanks to 존경하고 사랑하는 엄마

천국에 계신 엄마, 제 이름 멋지게 잘 지어주셔서 고마워요. 그리고 기도로 우리 지켜주시고 보호해주신 것 감사해요. 그 덕분에 이렇게 책도 썼어요. 예수님과 함께 기쁘고 흐뭇한 마음으로 보고 계시겠죠? 그립고 또 그립고 보고 싶어요.

가족, 이웃, 친구를 동역자로 보내주셔서 지치지 않고 예수님 바라보며 한발씩 나아가게 하신 사랑과 은혜가 풍성하신 하나님 아버지께 모든 영광을 올려드립니다. (지극히 수상 소감 같지만 정말이에요) 할렐루야!